AF198719

Edition ERB

ISBN: 978 3 75046 940 2 (Softcover)

ISBN: 978 3 75190 637 1 (Hardcover)

ISBN: 978 3 75049 092 5 (E-Book)

Edition ERB

www.reformierte-baptisten.de

© 2020 der deutschen Ausgabe by Robert und Corinna Kunstmann

Übersetzung und Redaktion: Robert Kunstmann (Hg.)

Satz und Gestaltung: Nathanael Armisen

Herstellung und Verlag: BoD – Books on Demand, Norderstedt

Robert Kunstmann (Hg.)

Das
Baptistische
Glaubensbekenntnis
von
1689

32 Artikel des christlichen Glaubens und der Glaubenspraxis mit Schriftbelegen.

Von den Dienern und Boten der allgemeinen Versammlung angenommen, die 1689 in London tagte.

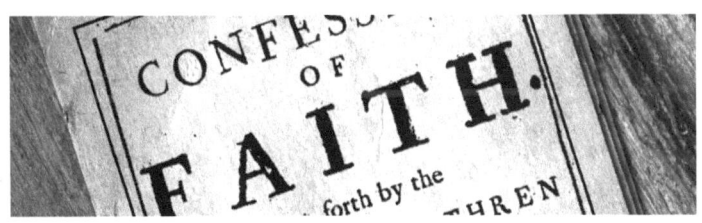

Wichtige Textausgaben des baptistischen Glaubensbekenntnisses von 1689

Mike Renihan (Hg.), *A Confession of Faith. Put forth by the Elders and Brethren of many Congregations of Christians (baptized upon Profession of their Faith) in London and the Country.* Printed in the Year, 1677 (Baptist and Reformed Press, 2000). (Faksimile Ausgabe des Textes von 1677.)

William Joseph McGlothlin (Hg.), *Baptist Confessions of Faith* (Philadelphia: American Baptist Publication Society, 1911), S. 215-289. (Reproduktion der Ausgabe von 1677, inklusive des Anhangs, der in späteren Ausgaben weggelassen wurde.)

William L. Lumpkin (Hg.), *Baptist Confessions of Faith*, 2. revidierte Auflage (Valley Forge: Judson Press, [1959] 1969), S. 235-295. (Identischer Nachdruck des Textes von McGlothlin, ohne den Anhang.)

James T. DennisonON (Hg.), *Reformed Confessions of the 16th and 17th Centuries in English Translation: Volume 4, 1600-1693* (Grand Rapids: Reformation Heritage Books, 2014), S. 531-571. (Reproduktion der Ausgabe von 1677 mit angepasster Orthografie und Korrekturen bei den Belegstellen, ohne den Anhang.)

Edward Bean Underhill (Hg.), *Confessions of Faith and other Public Documents, Illustrative of the History of the Baptist Churches of England in the 17th Century* (London: The Hanserd Knollys Society, 1854), S. 169-246. (Kommentierte Reproduktion der Ausgabe von 1688, inklusive des Anhangs, der in späteren Ausgaben weggelassen wurde.)

James M. Renihan (Hg.), F*aith and Life for Baptists: The Documents of the London Particular Baptist General Assemblies, 1689-1694* (Palmdale: Reformed Baptist Academic Press, 2016), S. 209-296. (Laut Titelblatt Reproduktion der Ausgabe von 1688 mit moderat angepasster Orthografie, inklusive des Anhangs, der ab der dritten Ausgabe 1699 weggelassen wurde. Möglicherweise liegt dem Text selbst aber die Ausgabe von 1677 zugrunde, denn es gibt zwischen beiden Ausgaben nur eine Abweichung im Vorwort, bei der die Lesart von 1677 wiedergegeben wird.)

A

CONFESSION

OF

FAITH.

Put forth by the

ELDERS and BRETHREN

Of many

CONGREGATIONS

OF

Chriſtians (baptized upon Profeſſion of
their Faith) in *London* and the Country.

With the Heart man believeth unto Righteouſneſs, and with the
Mouth Confeſſion is made unto Salvation, Rom. 10. 10.
Search the Scriptures, John 5. 39.

Printed in the Year, 1677.

Titelblatt der Erstausgabe von 1677

Inhaltsverzeichnis

Vorwort des Herausgebers

In seiner unermesslich großen Gnade hat Gott sein Volk aus seinem verdammenswerten Zustand errettet und sich ihm in seinem heiligen Wort zu erkennen gegeben. Diese Barmherzigkeit und Gnade des heiligen und allmächtigen Gottes, des Schöpfers von Himmel und Erde, haben wir Menschen in keiner Weise verdient. Wir alle sind vollkommen unwürdig, dieser ewig gültigen und für alle Menschen verbindlichen Wahrheit, die uns Gott in seinem Wort anvertraut hat, zu begegnen. Gottes Heiligkeit und unsere eigene Sündhaftigkeit gebieten uns daher einen demütigen und gottergebenen Umgang mit der Heiligen Schrift und den darin enthaltenen Lehren. Gott hat uns in seiner Gnade in der Heiligen Schrift sein unfehlbares, irrtumsloses Wort anvertraut. Diese Tatsache muss uns mit Staunen, Lob und Anbetung erfüllen (2Tim 3,16; 2Petr 1,21).

Gott hat sich ein für allemal in seinem Wort geoffenbart. Könnten wir angesichts dieser Tatsache nicht auch gut auf ein Glaubensbekenntnis verzichten? Wäre es nicht genug, wenn wir uns als Kinder Gottes auf die Heilige Schrift als unser „Glaubensbekenntnis" berufen?

Auch wenn unser Glaube und unser Bekenntnis immer auf dem Wort Gottes als der maßgebenden Norm gründen müssen, so ermahnt uns Gott in seinem Wort gleichwohl, dass jeder Gläubige ein klares Verständnis von der „Lehre der Schrift" braucht (Röm 6,17; 1Tim 1,3; 3,15; 4,6.13.16; 6,3; 2Tim 1,13; 2,15; Tit 1,9; Jud 3) und dass er jederzeit dazu bereit sein soll, in Sanftmut und Ehrerbietung gegenüber jedem von seiner Hoffnung Rechenschaft abzulegen (1Petr 3,15-16).

Über dieses Bekenntnis des einzelnen Gläubigen hinaus ist auch die Gemeinde als „Pfeiler und Grundfeste der Wahrheit" (1Tim 3,15) von Gott dazu berufen, die Offenbarung Gottes in seinem Wort rein zu bewahren, gegen jegliche Irrlehre und die Anfeindungen des Teufels zu verteidigen und sie auf diese Weise unverändert und rein an künftige Generationen weiterzuvermitteln. Ein schriftlich abgefasstes Glaubensbekenntnis dient in der Gemeinde daher vor allem dem öffentlichen Glaubenszeugnis und der Verteidigung des Glaubens (2Tim 1,13; Jud 3) sowie der Einheit unter den Gläubigen in der Wahrheit (Joh 17,17-21; Röm 15,5-6; 1Kor 1,10; Eph 4,3; Phil 1,27; 2,2). Ferner werden die Diener des Wortes an den gemeinsamen Glaubensüberzeugungen gemessen (2Tim 2,2; Tit 1,9; 1Joh 4,1) sowie die biblische Lehre der Glaubensväter dadurch weitergetragen.

Seit jeher haben es die Christen daher als ihre Aufgabe angesehen, die wichtigsten in der Bibel enthaltenen Lehren in Glaubensbekenntnissen schriftlich festzuhalten, um Missverständnissen und Irrlehre vorzubeugen. Es handelt sich dabei immer um Lehrnormen, die an der Bibel, der maßgebenden Norm, gemessen werden müssen. Mit eben dieser Überzeugung haben die calvinistischen Baptisten des 17. Jahrhunderts in dem Bemühen, sich in allen Fragen der biblischen Lehre so klar und präzise wie möglich auszudrücken, das vorliegende Bekenntnis niedergeschrieben.

Die historische Bedeutung des baptistischen Glaubensbekenntnisses von 1689

Bereits in der ersten Hälfte des 17. Jahrhunderts erwachsen auf dem Nährboden des separatistischen Puritanismus in England erste Baptistengemeinden. 1638 entsteht unter der Leitung von John Spilsbury im Londoner Stadtteil Wapping die erste Baptistengemeinde mit calvinistischen Glaubensüberzeugungen. Und nur wenige Jahre später veröffentlichen schließlich die Pastoren von dann bereits sieben calvinistischen Baptistengemeinden Londons, das Erste Londoner Baptistenbekenntnis von 1644 („First London Baptist Confession of 1644"), in dem sie sich klar von den arminianischen Glaubensüberzeugungen der etwas früher entstandenen „General Baptists" und der kontinental-europäischen Anabaptisten distanzieren. Hieran lässt sich schon sehr deutlich erkennen, dass die historischen Wurzeln des calvinistischen Baptismus im Puritanismus zu finden sind und dass es praktisch keine historische oder theologische Verbindung zu den Anabaptisten Kontinentaleuropas gibt.

Diese theologische Verwurzelung im englischen Puritanismus zeigt sich dann auch in dem 1677 erstmals veröffentlichten Zweiten Londoner Bekenntnis („Second London Confession"). Die beiden Ältesten der Petty France Gemeinde in London, William Collins und Nehemiah Coxe, hatten sich daran gemacht, ein neues baptistisches Glaubensbekenntnis zusammenzustellen. Dabei griffen sie stark auf das Westminster Bekenntnis von 1646 zurück[1], um genau zu sein: Sie verwenden zumeist die kongregationalistische Überarbeitung dieses Bekenntnisses, die Savoy Erklärung von 1658. Auf diese Weise bringen William Collins und Nehemiah Coxe auf schöne Weise ihre Verbundenheit mit den anderen puritanischen Gläubigen zum Ausdruck. Sie scheuen sich nicht, die ausgefeilten Formulierungen ihrer Vorgänger zu übernehmen und an den Stellen zu modifizieren, an denen sie als Baptisten andere Überzeugungen haben, wie zum Beispiel in der Tauflehre, im Gemeindeverständnis, im Verständnis von der Gemeindeleitung oder in der Anwendung der Bundestheologie und des regulativen Prinzips im Gottesdienst.

Nach der Glorreichen Revolution von 1688 und dem Erlass des Toleranzgesetzes durch den neuen Regenten William III. von Oranien gelangen schließlich auch die englischen Baptisten zu mehr Freiheit. Sie berufen daraufhin für das Jahr 1689 eine allgemeine Versammlung der calvinistischen Baptistengemeinden ein, bei der das vorliegende Bekenntnis von über einhundert Vertretern baptistischer Gemeinden aus England und Wales angenommen wird. Diese allgemeine Versammlung hat dem Bekenntnis denn auch seinen

---

1 Deutsche Ausgaben des Westminster Bekenntnisses: *Die Bekenntnisschriften der evangelisch-reformierten Kirche*, Hg. ERNST GOTTFRIED ADOLF BÖCKEL (Leipzig: F. A. Brockhaus, 1847), S. 683-716; CAJUS FABRICIUS, Corpus Confessionum: *Die Bekenntnisse der Christenheit, Bd. 18: Presbyterianer* (Göttingen: de Gruyter, 1937), S. 88-157; *Bekenntnisse der Kirche*, Hg. HANS STEUBIG (Wuppertal: Brockhaus, 1970/1985 [²1997]), S. 207-237; *Evangelisch-Reformierte Bekenntnisschriften: Heidelberger Katechismus (Auszug) — Westminster Bekenntnis 1647* (Neuhofen: Reformierter Literaturdienst, 1985 [³1989]); *Der evangelische Glaube kompakt: Ein Arbeitsbuch: Das Westminster Bekenntnis von 1647*, Hg. THOMAS SCHIRRMACHER (Neuhausen-Stuttgart: Hänssler, 1998). Eine erste deutsche Übersetzung gab es bereits 1648 (vgl. BÖCKEL, a.a.O., S. 648 Anm. 2).

Namen verliehen: Baptistisches Glaubensbekenntnis von 1689.[2] Bis ins 19. Jahrhundert hinein bleibt dieses Glaubensbekenntnis die maßgebliche Bekenntnisgrundlage der calvinistischen Baptisten in der angelsächsischen Welt. Denn auch jenseits des Atlantiks hatten sich die Baptisten – mit gewissen Modifikationen – 1742 dieses Glaubensbekenntnis zu Eigen gemacht. Es erhält dort den Titel Philadelphia Bekenntnis („Philadelphia Confession").

Doch im Laufe des 19. Jahrhunderts wird das baptistische Glaubensbekenntnis von 1689 immer mehr in den Hintergrund gedrängt. Schließlich weigert sich der englische Baptistenbund 1888 ausdrücklich, sich erneut auf dieses Bekenntnis zu verpflichten. Erst hundert Jahre später, in der zweiten Hälfte des 20. Jahrhunderts erlebt gerade dieses Glaubensbekenntnis eine Neubelebung, welche weit über den angelsächsischen Sprachraum hinausragt. Heute gibt es dieses Bekenntnis in vielen Übersetzungen, und weltweit lässt sich beobachten, wie sich immer mehr Baptistengemeinden erneut auf eben dieses Bekenntnis verpflichten.

Die Wurzeln des deutschen Baptismus

Blickt man zurück auf die Wurzeln des deutschen Baptismus, so ist es durchaus verwunderlich, dass das Baptistische Glaubensbekenntnisses von 1689 bisher noch nie ins Deutsche übersetzt wurde.

---

2 Dies ist die international heute gängigste Bezeichnung für dieses Bekenntnis. Interessanterweise wurde es 1689 nicht einmal gedruckt. Die ersten drei Ausgaben des Bekenntnisses erschienen 1677, 1688 und 1693(?)/1699. Am Ende der Erstausgabe von 1677 befindet sich auch noch ein längerer Anhang, in dem die Taufe erwachsener Gläubiger verteidigt wird. Dieser Anhang wurde in späteren Auflagen des Bekenntnisses nicht mehr abgedruckt und ist auch in dieser deutschen Ausgabe nicht enthalten.

Denn gerade Johann Gerhard Oncken (1800-1884), der prägende Gründervater des deutschen Baptismus, vertrat calvinistisch-puritianische Überzeugungen, die im Einklang mit dem vorliegenden Bekenntnis stehen. Gegenüber den Hamburger Behörden verteidigt er die Glaubensgrundsätze der ersten deutschen Baptistengemeinde im Jahre 1855 denn auch mit den Worten: *„Wir haben ein festes … Glaubensbekenntniß, welches mit dem Glaubensbekenntniß … der Baptistengemeinden in England und Amerika übereinstimmt … Dieses Glaubensbekenntniß stimmt … in allen Punkten bis auf Taufe und Gemeinderichtung mit dem Bekenntniß der schottischen und holländischen Kirche überein."*[3] Dies lässt sich leicht anhand der ersten puritanisch-calvinistisch geprägten deutschen Baptistenbekenntnisse von 1837 und 1847 nachprüfen.[4]

Auch im deutschen Baptismus[5] lassen sich – ebenso wie in England – keine direkten Verbindungen zum kontinental-europäischen Anabaptismus der Reformationszeit erkennen. Seine Wurzeln nähren sich vielmehr aus puritanisch-calvinistischen Quellen, wie sie im 17. Jahrhundert in England zu finden waren, wo deren baptistischer Flügel nach den Presbyterianern (1646) und Kongregationalisten (1658) schließlich im baptistischen Glaubensbekenntnis von 1689 seine abschließende Lehrformel gefunden hatte.

---

3   In: HANS LUCKEY, *Johann Gerhard Oncken und die Anfänge des deutschen Baptismus* (Kassel: Oncken, 1934), S. 209; vgl. S. 230 und 232 Anm. 31.

4   *Glaubensbekenntnisz der evangelisch-taufgesinnten Gemeinde in Hamburg* (Hamburg, 1837); *Glaubensbekenntniß und Verfassung der Gemeinden getaufter Christen, gewöhnlich Baptisten genannt. Mit Belegen aus der heiligen Schrift* (Hamburg, 1847).

5   Gleiches ließe sich auch für die im 19. Jahrhundert in Frankreich, Schweden, Dänemark, Ungarn und Russland entstandenen Baptistengemeinden und deren Bekenntnisse nachweisen (vgl. W. J. MCGLOTHLIN, *Baptist Confessions of Faith* [Philadelphia: American Baptist Publication Society, 1911], S. 330).

Der Text des baptistischen Glaubensbekenntnisses von 1689

Der Text und die Textgeschichte des baptistischen Glaubensbe-kenntnisses von 1689 sind bis heute noch nicht so eingehend erforscht, wie dies beispielsweise vom Westminster Bekenntnis gesagt werden kann.[6] Glücklicherweise ist seit kurzem eine Faksi-mileausgabe des baptistischen Glaubensbekenntnisses von 1689 zugänglich, auf der auch die vorliegende Übersetzung beruht.[7] Alle anderen Textausgaben weisen immer wieder Mängel auf,[8] insbe-sondere diejenigen, die auf Textvorlagen aus dem 19. Jahrhundert

---

6   Vgl. die textkritische Ausgabe: S. W. CARRUTHERS, *The Preparation and Printing of the Westminster Confession of Faith* (Manchester: Aikman & Son, o. J.).

7   MIKE RENIHAN (Hg.), *A Confession of Faith. Put forth by the Elders and Brethren of many Congregations of Christians (baptized upon Profession of their Faith) in London and the Country.* Printed in the Year, 1677 (Baptist and Reformed Press, 2000).

   Die Belegstellen wurden durchweg der in deutschen Bibeln üblichen Verszählung angepasst. Darüber hinaus wurden in der deutschen Übersetzung an folgenden Stellen offensichtliche Fehler der Originalausgabe von 1677 verbessert: **1.** Kap. 4.3 Anm. 9: 1Mose 2,17 statt 1Mose 6,17 (Vermutlich wurde in einer ursprüngli-chen Handschrift die römische Ziffer „ii" als „vi" gelesen. Warum sonst sollte das Zitat aus Kapitel 6 vor dem Zitat aus Kapitel 3 genannt werden? Ebenso spricht der Inhalt der Verse für diese Abänderung.). **2.** Kap. 8.1 Anm. 5: Eph 5,23 statt Eph 1,23 (Vermutlich handelt es sich hierbei um einen frühen Abschreibfehler. Wurde vielleicht wieder eine handschriftliche römische „v" als eine „i" gelesen? Die Belegstelle aus dem Westminster Bekenntnis ist in jedem Fall treffender.). **3.** Kap. 26.3 Anm. 4: 1Kor 5 statt 1Kor 15 (Hier scheint ein früher Druckfehler vorzu-liegen.). **4.** Kap. 27.2 Anm. 5: Apg 11,29-30 statt Apg 12,29-30 (Da es Apg 12,29-30 nicht gibt, muss es sich hierbei um einen Druckfehler handeln.). **5.** Kap. 29.1 Anm. 2: Apg 22,16 statt Apg 26,16 (Hier scheint ein früher Druckfehler vorzuliegen.). **6.** Kap. 32.3 Anm. 9: Lk 12,35-40 statt Lk 13,35-36 (Da es Lk 13,36 nicht gibt, muss es sich hierbei um einen Druckfehler handeln.).

8   Dies gilt auch für die an sich sehr sorgfältig erstellten Ausgaben: W. J. MCGLO-THLIN, *Baptist Confessions of Faith* (Philadelphia: American Baptist Publication Society, 1911), S. 215-289. (Reproduktion der Ausgabe von 1677, inklusive des Anhangs, der in späteren Ausgaben weggelassen wurde.); WILLIAM L. LUMPKIN, *Baptist Confessions of Faith*, 2. revidierte Auflage (Valley Forge: Judson Press, [1959] 1969), S. 235-295. (Identischer Nachdruck des Textes von McGlothlin, ohne den Anhang.).

zurückgreifen.[9] In diesen sind neben mehreren Veränderungen, die sich auf den Inhalt nur kaum auswirken, in Kapitel 10 zwei größere Abweichungen auszumachen:

In Abschnitt 2 wurde wohl versehentlich ein ganzer Teilsatz übersprungen, und in Abschnitt 3 kam es zu einer inhaltlichen Veränderung des Textes: Statt „erwählte Kleinkinder" heißt es nur noch „Kleinkinder". Da diese Änderung eine Korrektur im folgenden Satz notwendig machte, ist von einer absichtlichen Manipulation auszugehen. Leider hat gerade diese willkürliche Veränderung des Bekenntnistextes bis in die Gegenwart hinein zu vielen Debatten Anlass gegeben, die durch den ursprünglichen Text gar nicht erst entstanden wären.

Andere Irritationen könnten dadurch hervorgerufen werden, dass in Kapitel 26.1 von der „katholischen Gemeinde" die Rede ist. Doch entspricht diese Ausdrucksweise reformatorischen Grundsätzen, denn *„[w]o Kirche geglaubt wird, da muß auch geglaubt werden, daß sie katholisch ist. Diese für alle protestantischen Ohren schrecklich klingende Bezeichnung haben die Reformatoren, vor allem die reformierten, für ihre Kirchen bewußt in Anspruch genommen… Wenn die römische Kirche heute weithin katholische Kirche genannt wird, so ist das entweder eine gefährliche Gedankenlosigkeit oder ein Zeichen dafür, daß man sich auf evangelischer Seite von der Erkenntnis der Reformatoren weit entfernt hat und gar nicht mehr recht weiß,*

---

9 Z. B. *Things Most Surely Believed Among Us: The Baptist Confession of Faith* (Sterling: GAM Publications, o. J.). Dies gilt auch für die durch S. M. Houghton und Peter Masters herausgegebenen modernisierten Ausgaben: *A Faith to Confess: The Baptist Confession of Faith of 1689 Rewritten in Modern English* (Carey Publications, 1975); *The Baptist Confession of Faith 1689.* Updated English with notes by Peter Masters (London: The Wakeman Trust, 1981).

was Kirche ist. Denn eigentlich sagt man damit, daß Rom wahre Kirche ist, die evangelischen Kirchen dagegen nicht."[10] In diesem Sinne wird in Kapitel 26.4 der römische Papst dann auch als Antichrist bezeichnet. Auf die Frage, ob es notwendig sei zu glauben, dass der Papst der Antichrist ist, sei an dieser Stelle lediglich die sehr treffende Bemerkung Richard Baxters zitiert: *„Wenn es nicht der Papst ist, dann hat er ziemlich Pech gehabt, dass er ihm so ähnlich sieht.*"[11]

Danksagung

Zuletzt möchte ich der Evangelisch-Reformierten Baptistengemeinde Wetzlar danken, in der ich gemäß dieses Bekenntnisses dienen darf, und darin mitauferbaut und ermutigt werde, diese biblischen Lehren zu glauben, zu leben und zu verteidigen. Vor allem möchte ich an dieser Stelle auch den zahlreichen Geschwistern und Freunden der ehemaligen Immanuelgemeinde Wetzlar (reformierte Baptisten)[12], der Immanuel Baptist Church (Sacramento, USA) und der Reformed Baptist Church (Magherafelt, Nordirland) meinen Dank aussprechen. Sie alle haben die jahrelange Arbeit an der Übersetzung des vorliegenden Buches begleitet, und ich empfing von ihnen viele Anregungen, Korrekturen und Hilfen. Bei der originalgetreuen Übersetzung des ursprünglichen baptistischen Glaubensbekenntnisses von 1689 wurde ich insbesondere durch Pastor Robert Briggs und David Hamill aus Magherafelt ermutigt und unterstützt. Sie för-

---

10 Diese Aussagen stammen von Wilhelm Niesel, dem wir leider in anderen Punkten nicht zustimmen können (WILHELM NIESEL, *Was heißt reformiert?* [München: Chr. Kaiser Verlag, 1934], S. 33-35).

11 RICHARD BAXTER, *The Practical Works of Richard Baxter, Bd. 1, A Christian Directory* (Morgan: Soli Deo Gloria, [1846] 2000), S. 631.

12 Diese Gemeinde bestand von 1999-2005

derten die Übersetzung von Samuel Waldrons Erklärung zu diesem Glaubensbekenntnis[13], in dessen Zuge auch die Übersetzung des baptistischen Glaubensbekenntnisses von 1689 notwendig war. Ihnen allen sei an dieser Stelle Dank gesagt.

Weit wertvoller als Korallen oder Perlen war jedoch die Hilfe meiner geliebten Frau Corinna. In sorgfältiger und liebevoller Weise hat sie mich in allen Phasen der Übersetzung begleitet, unterstützt und korrigiert. Ohne sie wäre das vorliegende Buch in dieser Form nicht möglich gewesen.

Möge Gott dieses Bekenntnis im Land der Reformation zur Festigung der Heiligen in dem ein für allemal überlieferten Glauben und zur Gründung seiner Gemeinde auf der Wahrheit seines irrtumslosen Wortes gebrauchen. Ihm allein gebührt die Ehre.

Soli Deo gloria
Robert Kunstmann

---

13 SAMUEL E. WALDRON, *Das baptistische Glaubensbekenntnis von 1689 – Eine Erklärung für unseren Glauben heute*, Reformiert-baptistische Reihe Band 2 (Hamburg: Reformatorischer Verlag Beese, 2002).

Verehrter Leser!

Es ist bereits viele Jahre her, seit etliche von uns (zusammen mit anderen aufrichtigen Christen, die damals lebten und im Weg des Herrn, den wir bekennen, wandelten) es für nötig hielten, ein Bekenntnis unseres Glaubens zu veröffentlichen, um damit denjenigen hinlänglich Auskunft zu geben, die nicht völlig verstanden haben, was unsere Grundsätze sind oder die Vorurteile gegen unseren Glauben hegten. Denn jene Grundsätze waren von einigen wohlbekannten Männern verkehrt dargestellt worden, welche sie vollkommen falsch bewertet hatten. Dadurch waren dementsprechend andere zu falschen Auffassungen über uns und unsere Grundsätze verleitet worden: Dieses Glaubensbekenntnis wurde ungefähr im Jahre 1643 im Namen von sieben Gemeinden, die damals in London angesiedelt waren, herausgegeben. Seither haben mehrere Auflagen davon weite Verbreitung erfahren und das von uns beabsichtigte Ziel weitgehend erreicht, insofern als viele damit zufriedengestellt wurden (und einige dieser Männer besitzen eine allseits anerkannte Frömmigkeit und Bildung), dass wir in keiner Weise jener Häresien und grundlegenden Irrtümer schuldig waren, die man uns sehr häufig ohne jeden Grund oder Anlass unsererseits vorgeworfen hatte. Und da dieses Bekenntnis nun nicht mehr für jedermann verfügbar ist und sich seither auch viele andere dieselbe Wahrheit zu Eigen gemacht haben, die darin enthalten ist, hielten wir es für notwendig, uns zusammenzuschließen, um vor der Welt von unserem unveränderten Verharren in diesen gesunden Prinzipien, durch die Veröffentlichung derselben, die Sie nun in Händen halten, ein Zeugnis abzulegen.

Im Hinblick darauf, dass sich unsere Methode und die Art und Weise, wie wir unsere Gedanken darin zum Ausdruck bringen, von dem vorhergehenden Bekenntnis unterscheidet (auch wenn die Sache und der Inhalt gleich geblieben sind), wollen wir Ihnen den Grund und Anlass dafür offen kundtun. Ein Grund, der uns stark bewogen hat, dieses Werk zu unternehmen, bestand (nicht nur darin, uns vor den Christen zu rechtfertigen, die sich in der Frage der Taufe von uns unterscheiden, sondern) auch in dem Nutzen, der für diejenigen daraus erwachsen mag, die von unseren Mühen etwas profitieren, die darin bestehen, sie zu belehren und in den großen Wahrheiten des Evangeliums zu gründen, in dem klaren Verständnis darin und dem festen Glauben daran, wovon unser sorgenfreier Wandel mit Gott und die Fruchtbarkeit vor ihm in allen unseren Wegen in ganz besonderer Weise betroffen ist. Aus diesem Grund hielten wir es schließlich für notwendig, uns umfangreicher und deutlicher auszudrücken, und von einer Methode Gebrauch zu machen, die am umfassendsten jene Dinge behandelt, worüber wir unser Verständnis und unseren Glauben kundtun wollten. Und da wir in dieser Hinsicht keinen Mangel an dem finden konnten, was durch die Versammlung[14] festgeschrieben wurde und nach ihnen durch die Kongregationalisten[15], hielten wir es sogleich für das Beste, dieselbe Anordnung in unserem vorliegenden Bekenntnis beizubehalten. Ebenso wie wir es auch bei den zuletzt genannten feststellen konnten, die in ihrem Bekenntnis (aus Gründen, die sowohl ihnen als auch anderen gewichtig erschienen) ihre Gesinnung nicht nur mit Worten zum Ausdruck gebracht haben, die mit den zuvor

---

14 Gemeint ist hier die Westminster Versammlung ("Westminster Assembly"), die 1646 das Westminster Glaubensbekenntnis verabschiedete.

15 Die Kongregationalisten übernahmen das Westminster Glaubensbekenntnis in leicht modifizierter Form und veröffentlichten 1658 die Savoy-Erklärung.

erwähnten übereinstimmte, sondern die in all den Artikeln, in denen sie sich einig waren, bis in den Wortlaut hinein nichts veränderten, hielten wir es in gleicher Weise für das Beste, ihrem Beispiel zu folgen und mit ihnen gemeinsam, in den Artikeln (wovon es sehr viele gibt), in denen unser Glaube und unsere Lehre mit ihnen übereinstimmt, dieselben Worte zu gebrauchen. Dies taten wir darüber hinaus vor allen Dingen auch, um dadurch zum Ausdruck zu bringen, dass wir mit beiden in all den grundlegenden Artikeln der christlichen Religion übereinstimmen, ebenso wie mit vielen anderen, deren rechtgläubige Bekenntnisse in der ganzen Welt für die Protestanten in den verschiedenen Nationen und Städten veröffentlicht wurden. Des Weiteren wollen wir auch alle davon überzeugen, dass wir kein Interesse daran haben, die Religion mit neuen Worten zu belasten, sondern dass wir bereitwillig in die Form aufrichtiger Worte einwilligen, die im Einklang mit der Heiligen Schrift von anderen vor uns gebraucht worden waren. Hiermit erklären wir vor Gott, den Engeln und Menschen unsere herzliche Übereinstimmung mit ihnen in der rechten protestantischen Lehre, die sie mit einer solch klaren biblischen Grundlage bekräftigt haben. In der Tat wurden an einigen Stellen Dinge hinzugefügt, andere Ausdrücke weggelassen und ein paar wenige geändert, doch sind diese Veränderungen von solcher Art, dass wir zweifelsohne wegen ihnen von keinem unserer Brüder den Vorwurf oder den Verdacht des Irrglaubens zu erwarten haben.

In den Dingen, in denen wir nicht mit den anderen übereinstimmen, haben wir uns selbst mit aller Offenheit und Klarheit ausgedrückt, so dass niemand Argwohn im Blick auf irgendeine heimlich in unserem Inneren verborgene Überzeugung hegen mag, von der wir nicht wollten, dass sie die Welt erfährt. Dennoch hoffen wir, dass wir auch jene Regeln der Bescheidenheit und Demut beachtet haben, durch die unsere Freiheit hinsichtlich dieser Dinge keinen Anstoß erregt, selbst gegenüber denen, die eine andere Meinung haben als wir.

Wir haben uns auch darum bemüht, Bibelstellen am Rand anzuführen, um dadurch jeden Artikel in unserem Bekenntnis zu bestätigen. Dabei haben wir uns eifrig darum bemüht, diejenigen auszuwählen, die am klarsten und treffendsten sind, um das zu belegen, was wir behaupten. Und es ist unser aufrichtiges Verlangen, dass alle diejenigen, in dessen Hände es gelangt, dem Vorbild der edlen Gläubigen von Beröa folgen (das nie genug gelobt werden kann), die täglich die Schriften erforschten, um herauszufinden, ob die Dinge, die ihnen verkündigt wurden, richtig waren oder nicht.

Es gibt noch eine Sache, die wir aufrichtig bekennen und in der wir ernstlich bitten, dass man uns Glauben schenken möge, nämlich, dass uns nichts ferner liegt, als mit all dem, was wir in dieser Sache getan haben, Streit zu verursachen. Und wir hoffen, dass die Freiheit einer sinnvollen Entfaltung unserer Prinzipien und Darlegung unserer Herzen gegenüber unseren Brüdern, zusammen mit den Schriftbelegen, auf denen unser Glaube und unsere Glaubenspraxis beruhen, uns keiner von ihnen verbieten will oder es uns übel nehmen wird. Unser ganzes Ziel ist erreicht, wenn uns das Recht zugesprochen wird, in unseren Maßstäben und unserer Glaubenspraxis von anderen an dem gemessen und beurteilt zu werden, was wir jetzt veröffentlichen, wovon der Herr (dessen Augen wie eine Feuerflamme sind) weiß, dass es die Lehre ist, die wir mit unseren Herzen fest glauben und dass wir uns aufrichtig darum bemühen müssen, unser Leben danach auszurichten. Und mögen doch alle anderen Streitigkeiten beendet werden, auf dass die einzige Sorge und der alleinige Kampf all derer, über die der Name unseres herrlichen Erlösers ausgerufen wurde, in Zukunft darin bestehen möge, demütig mit ihrem Gott zu leben und gegenüber einander all die Liebe und Sanftmut zu erweisen, um die Heiligkeit in der Furcht des Herrn zu vervollkommnen, wobei sich jeder darum bemüht, so zu reden, wie es sich für das Evangelium geziemt und ebenso, wie es seiner Stellung und Fähigkeit entspricht, eifrig in anderen die Ausübung der wahren Religion zu fördern, und so in den Augen Gottes, unseres Vaters, rein zu sein. Auf dass wir in diesen Tagen des Abfalls unseren Atem nicht im fruchtlosen Klagen über die Schlechtigkeit anderer verbrauchen, sondern jeder von uns bei sich zu Hause beginnen möge, zuerst sein eigenes Herz und sein eigenes Leben zu reformieren und anschließend alle diejenigen, auf die er Einfluss hat, zum selben Werk anzuspornen, damit, wenn es Gottes Wille ist, sich keiner selbst betrügt, indem er in einer Form der Gottseligkeit verharrt und darauf vertraut, ohne die Kraft und die innerliche Erfahrung der Wirkung dieser Wahrheiten, die von ihnen bekannt werden, zu kennen.

Und wahrlich, es gibt eine Quelle und Ursache für den Verfall der Religion in unserer Zeit – die wir hier nur kurz erwähnen können – die, wie wir mit aufrichtigem Drängen bitten, beseitigt werden möge, nämlich die Vernachlässigung des Gottesdienstes in den Familien, durch diejenigen, denen die Obhut und Führung derselben aufgetragen ist. Kann nicht die ungeheuerliche Unkenntnis und Labilität vieler Leute zusammen mit der Weltlichkeit anderer zurecht auf ihre Eltern und Meister zurückgeführt werden, die sie, als sie noch jung waren, nicht in dem Weg erzogen haben, in dem sie leben sollen, sondern die häufigen und ernsten Befehle vernachlässigt haben, die ihnen der Herr gegeben hat, nämlich sie mit dem Katechismus zu belehren und sie zu unterweisen, damit sie in ihren zarten Jahren an die Erkenntnis Gottes, wie sie in der Heiligen Schrift geoffenbart ist, gewöhnt werden. Haben nicht auch ihre eigene Unterlassung des Gebets und anderer religiöser Pflichten in ihren Familien, zusammen mit dem schlechten Vorbild ihres leichtfertigen Redens, sie zuerst an die Vernachlässigung und schließlich an die Geringschätzung jeglicher Frömmigkeit und Religion gewöhnt? Wir wissen, dass dies die Blindheit oder Gottlosigkeit von niemandem entschuldigt, aber es wird gewiss schwer auf die zurückfallen, die so Anlass dazu gegeben haben. Jene sterben wahrlich in ihren Sünden, aber wird nicht ihr Blut von denen gefordert werden, unter dessen Fürsorge sie standen, und die es ihnen erlaubten, ohne Warnung fortzufahren, ja, die sie auf den Pfad des Verderbens brachten? Und wird nicht die Sorgfalt von Christen vergangener Zeiten, die diese Pflichten gewissenhaft ausgeübt hatten, im Gericht gegen viele aufstehen und sie verdammen, die heute diese Ehrenstellung bekleiden sollten?

Wir wollen mit unserem ernsten Gebet schließen, dass der Gott aller Gnade das Maß des Heiligen Geistes auf uns ausgießen möge, wodurch bei uns das Bekenntnis der Wahrheit vom aufrichtigen Glauben und der eifrigen Glaubenspraxis begleitet wird, auf dass sein Name in allen Dingen verherrlicht werde, durch Jesus Christus, unseren Herrn.

AMEN

1.

Die Heilige Schrift ist die einzig ausreichende, sichere und unfehlbare Richtlinie für alle zum Heil notwendige Erkenntnis, für den rettenden Glauben und den Glaubensgehorsam,[1] obschon das Licht der Natur und die Werke der Schöpfung und Vorsehung in so hohem Grade die Güte, Weisheit und Macht Gottes offenbaren, dass sie die Menschen ohne Entschuldigung lassen; doch sind sie nicht ausreichend, um jene Erkenntnis Gottes und seines Willens zu geben, die zum Heil notwendig ist.[2] Deshalb gefiel es dem Herrn, sich zu verschiedenen Zeiten und auf unterschiedliche Art und Weise zu offenbaren, dies als seinen Willen für seine Gemeinde bekannt zu machen[3] und ihn anschließend vollständig schriftlich abfassen zu lassen, damit die Wahrheit besser bewahrt und verbreitet wird und die Gemeinde gegen die fleischliche Verdorbenheit und die Bosheiten Satans und der Welt besser gegründet und gestärkt ist. Daher ist die Heilige Schrift völlig unentbehrlich, nachdem es jene früheren Arten, auf die Gott seinen Willen seinem Volk zu erkennen gegeben hatte, nun nicht mehr gibt.[4]

[1] 2Tim 3,15-17; Jes 8,20; Lk 16,29.31; Eph 2,20.
[2] Röm 1,19-21 etc.; 2,14-15; Ps 19,2-4.
[3] Hebr 1,1.
[4] Spr 22,19-21; Röm 15,4; 2Petr 1,19-20.

2.

Unter dem Namen der Heiligen Schrift oder des geschriebenen Wortes Gottes sind nun alle Bücher des Alten und Neuen Testaments wie folgt zusammengefasst:

Altes Testament:

1. Mose (Genesis), 2. Mose (Exodus), 3. Mose (Levitikus), 4. Mose (Numeri), 5. Mose (Deuteronomium), Josua, Richter, Ruth, 1. Samuel, 2. Samuel, 1. Könige, 2. Könige, 1. Chronik, 2. Chronik, Esra, Nehemia, Ester, Hiob, Psalmen, Sprüche, Prediger, Hohelied, Jesaja, Jeremia, Klagelieder, Hesekiel, Daniel, Hosea, Joel, Amos, Obadja, Jona, Micha, Nahum, Habakuk, Zefanja, Haggai, Sacharja, Maleachi

Neues Testament:

Matthäus, Markus, Lukas, Johannes, Apostelgeschichte, Römer, 1. Korinther, 2. Korinther, Galater, Epheser, Philipper, Kolosser, 1. Thessalonicher, 2. Thessalonicher, 1. Timotheus, 2. Timotheus, Titus, Philemon, Hebräer, Jakobus, 1. Petrus, 2. Petrus, 1. Johannes, 2. Johannes, 3. Johannes, Judas, Offenbarung

Diese wurden alle durch die Inspiration Gottes gegeben, um die Richtlinie für Glauben und Leben zu sein.[5]

[5.] 2Tim 3,16.

3.

Die Bücher, die gewöhnlich Apokryphen genannt werden, gehören nicht zum Kanon der Heiligen Schrift (der verbindlichen Liste von autoritativen Schriften), da sie nicht von Gott inspiriert sind. Deshalb haben sie keine Autorität für die Gemeinde Gottes. Sie sollen auch nicht auf andere Weise anerkannt oder gebraucht werden als andere menschliche Schriften.[6]

[6] Lk 24,27.44; Röm 3,2.

4.

Die Autorität der Heiligen Schrift, deretwegen man ihr glauben und gehorchen soll, beruht nicht auf dem Zeugnis irgendeines Menschen oder einer Gemeinde, sondern vollständig auf Gott (der die Wahrheit selbst ist) als ihrem Autor. Sie muss also deshalb angenommen werden, weil sie das Wort Gottes ist.[7]

[7] 2Petr 1,19-21; 2Tim 3,16; 1Thess 2,13; 1Joh 5,9.

5.

Wir können zwar durch das Zeugnis der Gemeinde Gottes zu einer hohen und ehrerbietigen Wertschätzung der Heiligen Schrift bewegt und angeleitet werden. Auch das himmlische Wesen ihres Inhalts, die Wirksamkeit ihrer Lehre, der würdige Stil, die Übereinstimmung aller ihrer Teile, der Zweck des Ganzen (der darin besteht, Gott alle Ehre zu geben), die vollständige Offenbarung des einzigen Heilswegs für den Menschen, viele andere unvergleichliche Vorzüge und ihre gänzliche Vollkommenheit sind Gründe, durch die sie selbst sehr deutlich beweist, dass sie das Wort Gottes ist.

Trotzdem wird unsere volle Überzeugung und Gewissheit bezüglich der unfehlbaren Wahrheit und göttlichen Autorität derselben durch das innere Wirken des Heiligen Geistes hervorgebracht, der durch das Wort und mit dem Wort in unseren Herzen davon Zeugnis gibt.[8]

8. Joh 16,13-14; 1Kor 2,10-12; 1Joh 2,2.20.27.

6.

Der ganze Ratschluss Gottes bezüglich all der Dinge, die zu seiner eigenen Ehre und für die Erlösung, den Glauben und das Leben des Menschen notwendig sind, ist entweder ausdrücklich in der Schrift dargelegt oder eindeutig darin enthalten. Zu ihr darf zu keiner Zeit irgendetwas hinzugefügt werden, weder durch neue Offenbarung des Geistes noch durch menschliche Überlieferungen.[9] Trotzdem erkennen wir an, dass die innere Erleuchtung durch den Geist Gottes nötig ist, um das rettende Verständnis für das zu erlangen, was im Wort geoffenbart ist.[10] Ebenso erkennen wir an, dass es einige Umstände betreffs des Gottesdienstes und der Leitung der Gemeinde gibt, die allen menschlichen Handlungen und Gesellschaften gemeinsam sind, die durch das Licht der Natur und die christliche Vernunft geordnet werden müssen, gemäß den allgemeinen Richtlinien des Wortes, die dabei immer beachtet werden müssen.[11]

9. 2Tim 3,15-17; Gal 1,8-9.
10. Joh 6,45; 1Kor 2,9-12.

11. 1Kor 11,13-14; 14,26.40.

7.

In der Schrift sind weder alle Dinge in sich selbst gleichermaßen verständlich noch in gleichem Maß für alle klar;[12] aber die Dinge, die notwendigerweise zum Heil erkannt, geglaubt und beachtet werden müssen, sind an der einen oder anderen Stelle in der Schrift so klar dargelegt und geoffenbart, dass nicht nur die Gelehrten, sondern auch die Ungelehrten beim rechten Gebrauch der gewöhnlichen Mittel ein ausreichendes Verständnis erlangen können.[13]

12. 2Petr 3,16.   13. Ps 19,8; 119,130.

8.

Das Alte Testament wurde in Hebräisch (von alters her die Muttersprache des Volkes Gottes)[14] und das Neue Testament in Griechisch (zur Zeit der Niederschrift die am meisten verbreitete Sprache unter den Völkern) unmittelbar von Gott inspiriert und durch seine einzigartige Sorgfalt und Vorsehung zu allen Zeiten rein erhalten, weshalb sie authentisch sind, so dass sich die Gemeinde in allen religiösen Auseinandersetzungen letztlich auf sie berufen muss.[15] Da die ursprünglichen Sprachen nicht dem ganzen Volk Gottes bekannt sind, das ein Recht auf die Schrift und ein Interesse an ihr hat und dem befohlen ist, sie in Gottesfurcht zu lesen[16] und zu erforschen,[17] muss sie in die gewöhnliche Sprache jedes Volkes, zu dem sie gelangt, übersetzt werden,[18] damit das Wort Gottes in allen reichlich wohne, damit sie Gott in angemessener Weise verehren und sie durch Geduld und den Trost der Schrift Hoffnung haben.[19]

14. Röm 3,2.   17. Joh 5,39.
15. Jes 8,20.   18. 1Kor 14,6.9.11-12.24.28.
16. Apg 15,15.   19. Kol 3,16.

9.

Die unfehlbare Richtlinie für die Auslegung der Schrift ist die Schrift selbst: Wenn es also eine Frage über den wahren und vollen Sinn einer Schriftstelle gibt (der nicht vielfältig, sondern eindeutig ist), muss er deshalb anhand anderer Stellen, die ihn deutlicher ausdrücken, untersucht werden.[20]

[20] 2Petr 1,20-21; Apg 15,15-16.

10.

Der höchste Richter, durch den alle Religionsstreitigkeiten entschieden werden müssen und durch den alle Beschlüsse von Konzilien, Meinungen alter Schriftsteller, menschliche Lehren und persönliche Meinungen geprüft werden müssen und in dessen Urteil wir Ruhe finden sollen, kann kein anderer sein als die durch den Heiligen Geist eingegebene Heilige Schrift. Auf die so eingegebene Schrift ist unser Glaube letztlich gegründet.[21]

[21] Mt 22,29.31; Eph 2,20; Apg 28,23.

2 | GOTT UND DIE HEILIGE DREIEINIGKEIT

1.

Der Herr, unser Gott, ist der einzige, lebendige und wahre Gott.[1] Er erhält sich in und durch sich selbst[2] und ist unendlich in seinem Dasein und seiner Vollkommenheit: Sein Wesen kann nur von ihm selbst begriffen werden.[3] Er ist reinster Geist,[4] unsichtbar, ohne Leib, einzelne Teile oder unbeherrschte Gemütsregungen, er allein ist unsterblich und wohnt in dem Licht, dem sich kein Mensch nähern kann.[5] Er ist unwandelbar,[6] unermesslich,[7] ewig,[8] unbegreiflich, allmächtig,[9] in jeder Hinsicht unbegrenzt, absolut heilig,[10] vollkommen weise, vollkommen frei und von nichts und niemand abhängig. Er bewirkt alles nach dem Rat seines eigenen unwandelbaren und höchst gerechten Willens[11] zu seiner eigenen Ehre.[12] Er ist voller Liebe, gnädig, barmherzig, geduldig, reich an Güte und Wahrheit. Er vergibt Unrecht, Übertretung und Sünde. Er belohnt diejenigen, die ihn eindringlich suchen,[13] und gleichzeitig ist er absolut gerecht und furchtbar in seinen Urteilen,[14] denn er hasst jegliche Sünde[15] und wird den Schuldigen niemals freisprechen.[16]

1. 1Kor 8,4.6; 5Mose 6,4.
2. Jer 10,10; Jes 48,12.
3. 2Mose 3,14.
4. Joh 4,24.
5. 1Tim 1,17; 5Mose 4,15-16.
6. Mal 3,6.
7. 1Kön 8,27; Jer 23,23.
8. Ps 90,2.
9. 1Mose 17,1.
10. Jes 6,3.
11. Ps 115,3; Jes 46,10.
12. Spr 16,4; Röm 11,36.
13. 2Mose 34,6-7; Hebr 11,6.
14. Neh 9,32-33.
15. Ps 5,6-7.
16. 2Mose 34,7; Nah 1,2-3.

2.

Da Gott alles Leben,[17] alle Herrlichkeit,[18] alle Güte[19] und allen Segen in sich selbst und aus sich selbst besitzt, ist er alleine in und für sich selbst allgenugsam. Er benötigt weder irgendeines der Geschöpfe, die er geschaffen hat, noch ist seine Ehre in irgendeiner Weise von ihnen abhängig,[20] sondern er offenbart allein seine eigene Herrlichkeit in ihnen, an ihnen, durch sie und für sie. Er allein ist die Quelle allen Seins: Von ihm, durch ihn und zu ihm hin sind alle Dinge.[21] Er hat uneingeschränkte Herrschaft über alle Geschöpfe, so dass er durch sie, für sie und an ihnen tun kann, was immer ihm gefällt.[22] Vor seinen Augen sind alle Dinge offen und sichtbar.[23] Sein Wissen ist unendlich, unfehlbar und unabhängig von seinen Geschöpfen. Daher ist für ihn nichts ungewiss oder unsicher:[24] Er ist vollkommen heilig in seinen Ratschlüssen, in allen seinen Werken[25] und in allen seinen Geboten. Ihm steht von Engeln und Menschen jegliche Verehrung zu,[26] jeglicher Dienst oder Gehorsam, den sie als Geschöpfe dem Schöpfer schuldig sind, und was immer ihm sonst noch von ihnen zu fordern gefällt.

[17.] Joh 5,26.
[18.] Ps 148,13.
[19.] Ps 119,68.
[20.] Hiob 22,2-3.
[21.] Röm 11,34-36.

[22.] Dan 4,22.31-32.
[23.] Hebr 4,13.
[24.] Hes 11,5; Apg 15,18.
[25.] Ps 145,17.
[26.] Offb 5,12-14.

3.

Dieses göttliche und unendliche Wesen besteht aus drei Seinsweisen, dem Vater, dem Wort (oder Sohn) und dem Heiligen Geist.[27] Sie sind wesenseins, haben dieselbe Macht und sind in gleicher Weise ewig. Jeder von ihnen besitzt die volle göttliche Natur, dennoch ist diese Natur nicht geteilt:[28] Der Vater ist von niemandem, er ist weder gezeugt noch geboren. Der Sohn ist von Ewigkeit her vom Vater gezeugt.[29] Der Heilige Geist geht vom Vater und vom Sohn aus.[30] Alle sind unendlich und ohne Anfang. Daher ist es nur ein Gott, der in seiner Natur und seinem Dasein nicht geteilt werden kann. Jedoch unterscheiden sie sich durch etliche charakteristische Eigenschaften und personhafte Beziehungen untereinander. Diese Lehre der Dreieinigkeit ist die Grundlage unserer ganzen Gemeinschaft mit Gott und unserer sorgenfreien Abhängigkeit von ihm.

[27] 1Joh 5,7; Mt 28,19; 2Kor 13,13.
[28] 2Mose 3,14; Joh 14,11; 1Kor 8,6.
[29] Joh 1,14.18.
[30] Joh 15,26; Gal 4,6.

1.

Gott hat in sich selbst von aller Ewigkeit her durch den vollkommen weisen und heiligen Ratschluss seines eigenen Willens frei und unveränderbar alles, was immer geschieht, festgelegt;[1] allerdings so, dass Gott dadurch weder der Urheber der Sünde noch in irgendeiner Weise an ihr mitbeteiligt ist.[2] Auch wird dem Willen der Geschöpfe keine Gewalt angetan, noch ist die Freiheit oder die Möglichkeit zu zweiten Ursachen aufgehoben, sondern gerade darin festgelegt.[3] Seine Weisheit zeigt sich dadurch, dass er alles bewirkt, und seine Kraft und Treue darin, dass er seinen Ratschluss ausführt.[4]

[1] Jes 46,10; Eph 1,11;
Hebr 6,17; Röm 9,15.18.
[2] Jak 1,15.17; 1Joh 1,5.

[3] Apg 4,27-28; Joh 19,11.
[4] 4Mose 23,19; Eph 1,3-5.

2.

Obwohl Gott weiß, was immer in jeder nur vorstellbaren Situation geschehen mag oder geschehen kann,[5] hat er dennoch nichts deshalb verordnet, weil er es als Zukunft oder als das, was unter den gegebenen Umständen geschehen würde, vorhersah.[6]

[5] Apg 15,18.

[6] Röm 9,11.13.16.18.

3.

Durch den Ratschluss Gottes sind zur Offenbarung seiner Herrlichkeit einige Menschen und Engel durch Jesus Christus zu ewigem Leben auserwählt oder vorherbestimmt[7] zum Preise seiner wunderbaren Gnade.[8] Andere sind einem Leben in Sünde überlassen, zu ihrer gerechten Verurteilung, zum Preise seiner wunderbaren Gerechtigkeit.[9]

[7.] 1Tim 5,21; Mt 25,41.
[8.] Eph 1,5-6.

[9.] Röm 9,22-23; Jud 4.

4.

Jeder dieser Engel und Menschen, die so auserwählt und vorherbestimmt sind, ist einzeln und unabänderlich ausersehen. Ihre Zahl ist so sicher und genau bestimmt, dass sie weder vergrößert noch verkleinert werden kann.[10]

[10.] 2Tim 2,19; Joh 13,18.

5.

Diejenigen der Menschheit, die zum Leben erwählt sind, hat Gott, ehe die Welt geschaffen wurde, gemäß seinem ewigen und unveränderlichen Vorsatz sowie seinem geheimen Ratschluss und dem Wohlgefallen seines Willens entsprechend in Christus zur ewigen Herrlichkeit auserwählt. Er tat dies aus seiner völlig freien Gnade und Liebe,[11] ohne dass ihn irgendetwas im Geschöpf dazu gezwungen oder veranlasst hätte.[12]

[11.] Eph 1,4.9.11; Röm 8,30;
2Tim 1,9; 1Thess 5,9.

[12.] Röm 9,13.16; Eph 1,6.12.

6.

Ebenso wie Gott die Erwählten zur Herrlichkeit bestimmt hat, hat er durch den ewigen und völlig freien Entschluss seines Willens auch alle dafür notwendigen Mittel vorherbestimmt.[13] Deshalb sind die Erwählten, obwohl sie in Adam gefallen sind, durch Christus erlöst,[14] wirksam zum Glauben an Christus berufen, durch seinen Geist, der zur gegebenen Zeit wirkt, gerechtfertigt, als Kinder angenommen, geheiligt[15] und durch seine Kraft mittels des Glaubens zum Heil bewahrt.[16] So ist auch niemand anders von Christus erlöst, wirksam berufen, gerechtfertigt, als Kind angenommen, geheiligt und gerettet als allein die Erwählten.[17]

[13] 1Petr 1,2; 2Thess 2,13.
[14] 1Thess 5,9-10.
[15] Röm 8,30; 2Thess 2,13.
[16] 1Petr 1,5.
[17] Joh 10,26; 17,9; 6,64.

7.

Die Lehre dieses großen Geheimnisses der Erwählung muss mit besonderer Vorsicht und Sorgfalt behandelt werden, damit diejenigen, die den in Gottes Wort geoffenbarten Willen Gottes beachten und ihm gehorchen, im Blick auf die Gewissheit ihrer wirksamen Berufung ihrer ewigen Erwählung gewiss sein können.[18] So soll diese Lehre zum Lob,[19] zur Verehrung und zur Bewunderung Gottes führen sowie zu Demut,[20] Fleiß und reichlichem Trost für alle, die aufrichtig dem Evangelium gehorchen.[21]

[18] 1Thess 1,4-5; 2Petr 1,10.
[19] Eph 1,6; Röm 11,33.
[20] Röm 11,5-6.
[21] Lk 10,20.

1.

Am Anfang gefiel es Gott, dem Vater, Sohn und Heiligen Geist,[1] um die Herrlichkeit seiner ewigen Macht, Weisheit und Güte offenbarzumachen,[2] die Welt und alle Dinge in ihr, sowohl das Sichtbare als auch das Unsichtbare, innerhalb von sechs Tagen zu erschaffen oder zu machen, und alles war sehr gut.[3]

[1]. Joh 1,2-3; Hebr 1,2; Hiob 6,13.
[2]. Röm 1,20.
[3]. Kol 1,16; 1Mose 2,1-2.

2.

Nachdem Gott alle anderen Geschöpfe gemacht hatte, schuf er den Menschen als Mann und Frau[4] mit vernünftigen und unsterblichen Seelen,[5] befähigt zum Leben für Gott, wozu sie geschaffen worden waren. Sie waren nach Gottes Ebenbild, in Erkenntnis, Gerechtigkeit und wahrer Heiligkeit erschaffen.[6] Ihnen war das Gesetz Gottes in ihre Herzen geschrieben,[7] und sie waren fähig, es zu erfüllen, jedoch mit der Möglichkeit, es zu übertreten, wobei sie der Freiheit ihres eigenen Willens, der sich ändern konnte, überlassen waren.[8]

[4]. 1Mose 1,27.
[5]. 1Mose 2,7.
[6]. Pred 7,29; 1Mose 1,26.
[7]. Röm 2,14-15.
[8]. 1Mose 3,6.

3.

Neben dem Gesetz, das in ihre Herzen geschrieben worden war, erhielten sie das Gebot, nicht vom Baum der Erkenntnis des Guten und Bösen zu essen.[9] Solange sie dies hielten, erfreuten sie sich ihrer Gemeinschaft mit Gott und herrschten über die Geschöpfe.[10]

[9]. 1Mose 2,17*; 3,8-10 (*vgl. S. 14 Anm. 7).
[10]. 1Mose 1,26.28.

1.

Gott, der gute Schöpfer aller Dinge, erhält, leitet, lenkt und beherrscht in seiner unendlichen Macht und Weisheit alle Geschöpfe und Dinge[1] — vom größten bis hin zum kleinsten[2] — durch seine vollkommen weise und heilige Vorsehung zu dem Ziel, zu dem sie geschaffen wurden — seiner unfehlbaren vorherigen Kenntnis und des freien und unwandelbaren Rates seines eigenen Willens entsprechend —: dem Lob der Herrlichkeit seiner Weisheit, Macht, Gerechtigkeit, grenzenlosen Güte und Barmherzigkeit.[3]

[1] Hebr 1,3; Hiob 38,11; Jes 46,10-11; Ps 135,6.
[2] Mt 10,29-31.
[3] Eph 1,11.

2.

Auch wenn der vorherigen Kenntnis und dem Ratschluss Gottes, der ersten Ursache, gemäß alle Dinge unwandelbar und unfehlbar geschehen,[4] so dass es gar nichts gibt, was irgendjemandem durch Zufall oder ohne seine Vorsehung zustößt,[5] hat er doch in derselben Vorsehung angeordnet, dass sich all dies nach der Art der zweiten Ursache zuträgt, entweder zwangsläufig, frei oder zufällig.[6]

[4] Apg 2,23.
[5] Spr 16,33.
[6] 1Mose 8,22.

3.

Gott macht in seiner üblichen Vorsehung von Mitteln Gebrauch,[7] jedoch ist er frei, wie es ihm gefällt, ohne sie,[8] über sie hinweg[9] und gegen sie[10] zu wirken.

7. Apg 27,31.44; Jes 55,10-11.
8. Hos 1,7.
9. Röm 4,19-21.
10. Dan 3,27.

4.

Die allmächtige Gewalt, unerforschliche Weisheit und grenzenlose Güte Gottes offenbaren sich in seiner Vorsehung bis dahin, dass sein festgelegter Ratschluss sich sogar auf den ersten Fall und alle anderen sündigen Taten von Engeln und Menschen erstreckt.[11] Dies geschieht nicht lediglich durch Zulassung, obgleich er sie mit größter Weisheit und Gewalt einschränkt, und andererseits in vielfältiger Fügung zu seinem heiligen Zweck hin[12] leitet und lenkt,[13] sondern so, dass die Sündhaftigkeit ihrer Taten nur von den Geschöpfen ausgeht und nicht von Gott, der vollkommen heilig und gerecht ist und weder Sünde hervorbringen noch gutheißen kann.[14]

11. Röm 11,32-34; 2Sam 24,1; 1Chr 21,1.
12. 1Mose 50,20; Jes 10,6-7.12.
13. 2Kön 19,28; Ps 76,11.
14. Ps 50,21; 1Joh 2,16.

5.

Der vollkommen weise, gerechte und gnädige Gott überlässt seine eigenen Kinder oftmals für eine bestimmte Zeit vielfältigen Versuchungen und der Verdorbenheit ihres eigenen Herzens, um sie für ihre früheren Sünden zu züchtigen oder ihnen die geheime Kraft der Verdorbenheit und Unaufrichtigkeit ihres Herzens klar zu machen, damit sie gedemütigt werden. Er tut dies auch, um sie in eine engere und beständigere Abhängigkeit von seiner Hilfe zu bringen. Er tut dies ferner, damit sie sich bei künftigen Anlässen zur Sünde vorsehen, und er tut dies aus weiteren gerechten und heiligen Gründen.[15] Daher geschieht alles, was immer einem seiner Erwählten widerfährt, nach seiner Anordnung zu seiner Ehre und zu ihrem Besten.[16]

[15] 2Chr 32,25-26.31; 2Sam 24,1; 2Kor 12,7-9.

[16] Röm 8,28.

6.

Von denjenigen bösen und gottlosen Menschen, die Gott als der gerechte Richter wegen früherer Sünden blind macht und verhärtet,[17] hält er nicht nur seine Gnade zurück — wodurch sie in ihrem Verständnis hätten erleuchtet werden können und die sich auf ihre Herzen hätte auswirken können[18] — sondern nimmt auch manchmal die Gaben, die sie hatten, wieder zurück[19] und überlässt sie solchen Angelegenheiten, durch die ihre Verdorbenheit Gelegenheit zum Sündigen findet.[20] Dabei überlässt er sie ihren eigenen Lüsten, den Versuchungen der Welt und der Macht Satans,[21] wobei es geschieht, dass sie sich sogar unter dem Einfluss derselben Mittel selbst verhärten, die Gott benutzt, um andere zu erweichen.[22]

[17.] Röm 1,24.26.28; 11,7-8.
[18.] 5Mose 29,3.
[19.] Mt 13,12.
[20.] 5Mose 2,30; 2Kön 8,12-13.

[21.] Ps 81,12-13; 2Thess 2,10-12.
[22.] 2Mose 8,15.32; Jes 6,9-10; 1Petr 2,7-8.

7.

So wie sich die Vorsehung Gottes im allgemeinen Sinne auf alle Geschöpfe erstreckt, so kümmert sie sich in ganz besonderer Weise um seine Gemeinde und bewegt alle Dinge zu ihrem Besten.

[23.] 1Tim 4,10; Am 9,8-9; Jes 43,3-5.

6 | Der Fall des Menschen, Sünde und ihre Bestrafung

1.

Obwohl Gott den Menschen rechtschaffen und vollkommen geschaffen und ihm ein gerechtes Gesetz gegeben hatte — das ihm Leben versprach, wenn er es halten würde, und den Tod androhte, sollte er es brechen[1] —, blieb er dennoch nicht lange in dieser ehrenvollen Stellung. Satan benutzte den Scharfsinn der Schlange, um Eva zu verführen und anschließend durch sie Adam zu verführen, der ohne jeglichen Zwang absichtlich das Gesetz ihrer Schöpfung und das ihnen gegebene Gebot übertrat, indem er die verbotene Frucht aß.[2] Es gefiel Gott, dass er dies gemäß seinem heiligen und weisen Ratschluss zuließ, da er beabsichtigte, es zu seiner eigenen Ehre zu gebrauchen.

[1] 1Mose 2,16-17.

[2] 1Mose 3,12-13; 2Kor 11,3.

2.

Durch diese Sünde fielen unsere ersten Eltern von ihrer ursprünglichen Gerechtigkeit und Gemeinschaft mit Gott ab und wir in ihnen, wodurch der Tod zu allen Menschen kam:[3] Daher sind alle Menschen tot in Sünde,[4] und alle Fähigkeiten und Teile von Leib und Seele sind vollkommen verdorben.[5]

[3] Röm 3,23.
[4] Röm 5,12 etc.

[5] Tit 1,15; 1Mose 6,5; Jer 17,9; Röm 3,10-19.

3.

Da sie der Anfang der Menschheit sind und durch Gottes Anordnung für und an Stelle der ganzen Menschheit stehen, wurde all ihren Nachkommen, die von ihnen durch gewöhnliche Fortpflanzung abstammen, die Schuld der Sünde zugeschrieben und die verdorbene Natur auf sie übertragen.[6] Sie werden nun in Sünde geboren[7] und sind von Natur aus Kinder des Zorns,[8] Sklaven der Sünde, dem Tod[9] und allen anderen geistlichen, zeitlichen und ewigen Nöten unterworfen, es sei denn, der Herr Jesus befreit sie.[10]

[6] Röm 5,12-19;
1Kor 15,21-22.45.49.
[7] Ps 51,7; Hiob 14,4.
[8] Eph 2,3.
[9] Röm 6,20; 5,12.
[10] Hebr 2,14; 1Thess 1,10.

4.

Aus dieser ursprünglichen Verdorbenheit, durch die wir völlig untauglich, unfähig zu und feindlich gegenüber allem Guten sind und vielmehr zu allem Bösen neigen,[11] rühren alle gegenwärtigen Übertretungen her.[12]

[11] Röm 8,7; Kol 1,21.
[12] Jak 1,14-15; Mt 15,19.

5.

Die Verdorbenheit der Natur bleibt während dieses Lebens in denen, die wiedergeboren sind;[13] und obgleich sie durch Christus vergeben und getötet ist, ist dennoch sie selbst und ihr wesentlicher Beweggrund echte und wirkliche Sünde.[14]

[13] Röm 7,18.23; Pred 7,20;
1Joh 1,8.
[14] Röm 7,24-25; Gal 5,17.

7 | Der Bund Gottes

1.

Der Abstand zwischen Gott und dem Geschöpf ist so gewaltig, dass vernunftbegabte Geschöpfe, auch wenn sie ihm als ihrem Schöpfer Gehorsam schuldig sind, dennoch den Lohn des Lebens niemals anders als durch Gottes freiwillige Herablassung erlangen können. Es gefiel ihm, diese durch das Mittel des Bundes zum Ausdruck zu bringen.[1]

> 1. Lk 17,10; Hiob 35,7-8.

2.

Nachdem sich der Mensch durch seinen Fall selbst unter den Fluch des Gesetzes gebracht hatte, gefiel es dem Herrn ferner, einen Bund der Gnade einzurichten,[2] in dem er Sündern Leben und Erlösung durch Jesus Christus frei anbietet. Er fordert von ihnen, dass sie an ihn glauben, um erlöst zu werden,[3] und verspricht all denen, die zum ewigen Leben bestimmt sind, seinen Heiligen Geist, um sie zum Glauben willig und fähig zu machen.[4]

> 2. 1Mose 2,17; Gal 3,10; Röm 3,20-21.
> 3. Röm 8,3; Mk 16,15-16; Joh 3,16.
> 4. Hes 36,26-27; Joh 6,44-45; Ps 110,3.

3.

Dieser Bund ist im Evangelium geoffenbart, zuerst an Adam in der Verheißung der Erlösung durch den Nachkommen der Frau[5] und anschließend in weiteren Schritten, bis die völlige Enthüllung darüber im Neuen Testament abgeschlossen war.[6] Dieser Bund beruht auf dem ewigen Bundesschluss, der zwischen dem Vater und dem Sohn über die Errettung der Erwählten bestand.[7] Nur durch die Gnade dieses Bundes erhielt die ganze Nachkommenschaft des gefallenen Adam, die jemals errettet worden ist, Leben und selige Unsterblichkeit, da der Mensch jetzt in keinster Weise unter den Voraussetzungen, die Adam in seinem Stand der Unschuld besaß, von Gott angenommen werden kann.[8]

[5.] 1Mose 3,15.
[6.] Hebr 1,1.
[7.] 2Tim 1,9; Tit 1,2.

[8.] Hebr 11,6.13; Röm 4,1-2 etc.; Apg 4,12 ; Joh 8,56.

1.

Es gefiel Gott in seinem ewigen Vorsatz, den Herrn Jesus, seinen eingeborenen Sohn — gemäß des ewigen Bundes, der zwischen beiden geschlossen wurde — zu erwählen und zu bestimmen, dass er Mittler zwischen Gott und Menschen,[1] Prophet,[2] Priester[3] und König,[4] Haupt und Erlöser seiner Gemeinde,[5] Erbe aller Dinge[6] und Richter der Welt sei.[7] Ihm hat er von Ewigkeit her ein Volk gegeben, das seine Nachkommenschaft sein sollte und von ihm zu seiner Zeit erlöst, berufen, gerechtfertigt, geheiligt und verherrlicht werden sollte.[8]

[1]. Jes 42,1; 1Petr 1,19-20.
[2]. Apg 3,22.
[3]. Hebr 5,5-6.
[4]. Ps 2,6; Lk 1,33.
[5]. Eph 5,23 (vgl. S. 14 Anm. 7).
[6]. Hebr 1,2.
[7]. Apg 17,31.
[8]. Jes 53,10; Joh 17,6; Röm 8,30.

2.

Der Sohn Gottes, die zweite Person in der Dreieinigkeit, ist wahrer und ewiger Gott, der Abglanz der Herrlichkeit des Vaters, von einem Wesen und gleich mit dem, der die Welt erschaffen hat und der alle Dinge, die er gemacht hat, erhält und regiert. Als die Fülle der Zeit gekommen war, nahm er die menschliche Natur mit all ihren wesensmäßigen Eigenschaften und allgemeinen Schwachheiten an,[9] jedoch ohne Sünde.[10] Er wurde durch den Heiligen Geist im Leib der Jungfrau Maria empfangen. Dies geschah, indem der Heilige Geist auf sie herniederkam und die Kraft des Höchsten sie überschattete. Auf diese Weise wurde er von einer Frau aus dem Stamme Juda aus der Nachkommenschaft Abrahams und Davids geboren, wie es die Schrift angekündigt hatte.[11]

So sind die beiden vollständigen, vollkommenen und unterschiedlichen Naturen untrennbar in einer Person vereinigt, ohne Verwandlung, Zusammensetzung oder Vermischung. Diese Person ist wahrer Gott und wahrer Mensch, doch nur ein Christus, der einzige Mittler zwischen Gott und Menschen.[12]

9. Joh 1,1.14; Gal 4,4.
10. Röm 8,3; Hebr 2,14.16-17; 4,15.
11. Lk 1,27.31.35.
12. Röm 9,5; 1Tim 2,5.

3.

Der Herr Jesus Christus — auf diese Weise in seiner menschlichen mit seiner göttlichen Natur in der Person des Sohnes vereinigt — wurde über die Maßen geheiligt und mit dem Heiligen Geist gesalbt.[13] In ihm sind alle Schätze der Weisheit und Erkenntnis.[14] Es gefiel dem Vater, dass in ihm alle Fülle wohnen sollte,[15] mit dem Ziel, dass er — heilig, unschuldig, unbefleckt[16] und voller Gnade und Wahrheit[17] — völlig ausgerüstet sei, um das Amt des Mittlers und Bürgen auszuführen.[18] Er hatte dieses Amt nicht selbst ergriffen, sondern wurde von seinem Vater dazu berufen.[19] Dieser hat ihm auch alle Macht und alles Gericht in die Hand gegeben und ihn beauftragt, diese auszuführen.[20]

13. Ps 45,8; Apg 10,38; Joh 3,34.
14. Kol 2,3.
15. Kol 1,19.
16. Hebr 7,26.
17. Joh 1,14.
18. Hebr 7,22.
19. Hebr 5,5.
20. Joh 5,22.27; Mt 28,18; Apg 2,36.

4.

Dieses Amt hat der Herr Jesus völlig freiwillig angenommen.[21] Um es auszuführen, wurde er unter das Gesetz getan.[22] Er erfüllte es vollständig. Er erlitt die Strafe, die wir verdient haben, die wir erdulden und erleiden hätten sollen,[23] indem er für uns zur Sünde und zum Fluch gemacht wurde.[24] Er erduldete die bittersten Qualen an seiner Seele und die schmerzhaftesten Leiden an seinem Leib.[25] Er wurde gekreuzigt und starb. Er blieb im Zustand des Todes, aber verweste nicht.[26] Am dritten Tag ist er mit demselben Leib, in dem er gelitten hatte,[27] von den Toten auferstanden,[28] mit diesem fuhr er auch in den Himmel auf,[29] sitzt dort zur Rechten seines Vaters und legt Fürsprache ein.[30] Von dort wird er wiederkommen, um Menschen und Engel am Ende der Welt zu richten.[31]

[21] Ps 40,8-9; Hebr 10,5-11; Joh 10,18.
[22] Gal 4,4; Mt 3,15.
[23] Gal 3,13; Jes 53,6; 1Petr 3,18.
[24] 2Kor 5,21.
[25] Mt 26,37-38; Lk 22,44; Mt 27,46.
[26] Apg 13,37.
[27] Joh 20,25.27.
[28] 1Kor 15,3-4.
[29] Mk 16,19; Apg 1,9-11.
[30] Röm 8,34; Hebr 9,24.
[31] Apg 10,42; Röm 14,9-10; Apg 1,10.

5.

Durch seinen vollkommenen Gehorsam und das Opfer seiner selbst, das er durch den ewigen Geist ein für alle Mal Gott darbrachte, hat der Herr Jesus der Gerechtigkeit Gottes völlige Genüge geleistet.[32] Damit hat er die Versöhnung bewirkt und ein ewiges Erbe im Himmelreich für alle diejenigen erworben, welche ihm der Vater gegeben hat.[33]

[32] Hebr 9,14; 10,14; Röm 3,25-26.
[33] Joh 17,2; Hebr 9,15.

6.

Obwohl der Preis für die Erlösung von Christus vor seiner Menschwerdung nicht wirklich bezahlt worden war, so hatten die Erwählten doch teil an dessen Geltung, Wirksamkeit und Nutzen zu allen aufeinanderfolgenden Zeiten seit Beginn der Welt, in und durch jene Verheißungen, Vorbilder und Opfer, in denen er geoffenbart wurde und die darauf hindeuteten, dass er der Nachkomme der Frau sei, der den Kopf der Schlange zertreten sollte,[34] und das Lamm, das von Grundlegung der Welt an geschlachtet worden ist,[35] derselbe gestern und heute und in Ewigkeit.[36]

[34] 1Kor 4,10; Hebr 4,2; 1Petr 1,10-11.

[35] Offb 13,8.
[36] Hebr 13,8.

7.

Christus handelt im Werk der Mittlerschaft nach beiden Naturen, durch jede Natur so, wie es ihr selbst entspricht; doch wegen der Einheit der Person wird in der Schrift manchmal das, was zur einen Natur gehört, der Person zugeschrieben, die als die andere Natur bezeichnet wird.[37]

[37] Joh 3,13; Apg 20,28.

8.

Auf all diejenigen, für welche Christus die ewige Erlösung erworben hat, wendet er sie sicher und wirksam an und lässt sie daran teilhaben.[38] Dabei tritt er für sie als Fürsprecher ein, vereint sie durch seinen Geist mit sich selbst, offenbart ihnen in und durch sein Wort das Geheimnis der Erlösung, bringt sie dazu, zu glauben und gehorsam zu sein,[39] regiert ihre Herzen durch sein Wort und seinen Geist[40] und überwindet durch seine allmächtige Kraft und Weisheit alle ihre Feinde.[41] Dies tut er auf eine Art und Weise, die völlig seiner wunderbaren und unerforschlichen Fügung entspricht, und sämtlich aus freier und vollkommener Gnade, ohne dass irgendeine Voraussetzung, um die Gnade herbeizuführen, in den Erlösten vorhergesehen wurde.[42]

[38.] Joh 6,37; 10,15-16; 17,9; Röm 5,10.
[39.] Joh 17,6; Eph 1,9; 1Joh 5,20.
[40.] Röm 8,9.14.
[41.] Ps 110,1; 1Kor 15,25-26.
[42.] Joh 3,8; Eph 1,8.

9.

Dieses Amt des Mittlers zwischen Gott und Menschen hat allein Christus inne, denn er ist der Prophet, Priester und König der Gemeinde Gottes. Es darf weder ganz noch teilweise von ihm auf irgend jemand anderen übertragen werden.[43]

[43.] 1Tim 2,5.

10.

Diese Anzahl und Anordnung von Ämtern ist notwendig. Denn hinsichtlich unserer Unwissenheit brauchen wir sein prophetisches Amt.[44] Hinsichtlich unserer Entfremdung von Gott und der Unvollkommenheit selbst unserer besten Dienste brauchen wir sein priesterliches Amt, um uns zu versöhnen und uns Gott annehmbar darzustellen.[45] Hinsichtlich unserer Abneigung und vollkommenen Unfähigkeit, zu Gott umzukehren, und zu unserem Schutz und unserer Sicherheit vor unseren geistlichen Feinden brauchen wir sein königliches Amt, damit er uns überführt, unterwirft, zu sich zieht, aufrecht erhält, rettet und für sein himmlisches Königreich bewahrt.[46]

[44] Joh 1,18.
[45] Kol 1,21; Gal 5,17.
[46] Joh 16,8; Ps 110,3; Lk 1,74-75.

1.

Gott hat den Willen des Menschen mit der natürlichen Freiheit und Fähigkeit dazu versehen, nach seiner eigenen Wahl zu handeln, die nicht aufgezwungen noch durch irgendeinen Zwang der Natur dazu bestimmt ist, Gutes oder Böses zu tun.[1]

[1.] Mt 17,12; Jak 1,14; 5Mose 30,19.

2.

In seinem Stand der Unschuld besaß der Mensch die Freiheit und Fähigkeit dazu, das zu wollen und zu tun, was vor Gott gut und wohlgefällig ist,[2] er war aber nicht darauf festgelegt, so dass er davon abfallen konnte.[3]

[2.] Pred 7,29.   [3.] 1Mose 3,6.

3.

Durch seinen Fall in einen Stand der Sünde, hat der Mensch jegliche Willensfähigkeit zu etwas geistlich Gutem, das mit der Erlösung verbunden ist, verloren,[4] so dass ein natürlicher Mensch — der gegenüber diesem Guten völlig abgeneigt und tot in Sünde ist[5] — unfähig dazu ist, sich durch seine eigene Kraft selbst zu bekehren oder sich selbst darauf vorzubereiten.[6]

[4.] Röm 5,6; 8,7.   [6.] Tit 3,3-5; Joh 6,44.
[5.] Eph 2,1.5.

4.

Wenn Gott einen Sünder bekehrt und ihn in den Stand der Gnade versetzt, befreit er ihn von der natürlichen Knechtschaft unter die Sünde[7] und macht ihn allein durch seine Gnade dazu fähig, frei das zu wollen und zu tun, was geistlich gut ist;[8] jedoch so, dass er wegen seiner bleibenden Verdorbenheit weder vollkommen noch ausschließlich das will, was gut ist, sondern er auch das will, was böse ist.[9]

[7.] Kol 1,13; Joh 8,36.
[8.] Phil 2,13.
[9.] Röm 7,15.18-19.21.23.

5.

Der Wille des Menschen ist erst im Stand der Herrlichkeit vollkommen und unwandelbar frei, allein das Gute zu wollen.[10]

[10.] Eph 4,13.

1.

Es gefällt Gott, diejenigen, die er zum Leben vorherbestimmt hat, zu der von ihm bestimmten und ihm angenehmen Zeit wirksam[1] durch sein Wort und seinen Geist aus dem Stand der Sünde und des Todes, in dem sie von Natur aus sind, zur Gnade und Erlösung durch Jesus Christus zu berufen,[2] indem er ihren Verstand geistlich und zum Heil erleuchtet, damit sie die göttlichen Dinge verstehen können;[3] indem er ihr steinernes Herz wegnimmt und ihnen ein fleischernes Herz gibt.[4] Dadurch erneuert er ihren Willen und bestimmt sie durch seine allmächtige Kraft zum Guten, und er zieht sie wirksam zu Jesus Christus,[5] doch so, dass sie völlig freiwillig kommen, da sie durch seine Gnade dazu gebracht worden sind, es selbst zu wollen.[6]

[1.] Röm 8,30; 11,7; Eph 1,10-11; 2Thess 3,13-14.
[2.] Eph 2,1-6.
[3.] Apg 26,18; Eph 1,17-18.
[4.] Hes 36,26.
[5.] 5Mose 30,6; Hes 36,27; Eph 1,19.
[6.] Ps 110,3; Hld 1,4.

2.

Diese wirksame Berufung geschieht allein durch die freie und besondere Gnade Gottes, keinesfalls durch irgendetwas, das im Menschen vorausgesehen wurde, noch durch irgendeine Fähigkeit oder Tätigkeit im Menschen, die mit seiner besonderen Gnade zusammenwirken würde.[7] Der Mensch ist dabei vollkommen passiv, da er in Sünden und Übertretungen tot ist, bis er vom Heiligen Geist belebt und erneuert wird.[8]

Dadurch ist er dazu fähig, diesem Ruf zu folgen und die darin ange-
botene und vermittelte Gnade anzunehmen, und das durch keine
geringere Macht als die, die Christus von den Toten auferweckte.[9]

7. 2Tim 1,9; Eph 2,8.
8. 1Kor 2,14; Eph 2,5; Joh 5,25.

9. Eph 1,19-20.

3.

Erwählte Kleinkinder, die in ihrer Kindheit sterben, sind durch Christus mittels des Geistes wiedergeboren und erlöst.[10] Er wirkt wann,
wo und wie es ihm gefällt.[11] Ebenso verhält es sich auch bei allen
anderen erwählten Personen, die nicht in der Lage sind, äußerlich
durch den Dienst des Wortes berufen zu werden.

10. Joh 3,3.5-6.

11. Joh 3,8.

4.

Andere, die nicht erwählt sind, — auch wenn sie durch den Dienst
des Wortes gerufen werden und vielleicht einige allgemeine Wir-
kungen des Geistes erfahren,[12] jedoch nicht wirksam vom Vater
gezogen werden — wollen noch können weder wirklich zu Christus kommen und können daher nicht gerettet werden.[13] Noch viel
weniger können Menschen, die den christlichen Glauben nicht an-
nehmen, errettet werden, auch wenn sie noch so gewissenhaft ihr
Leben im Licht der natürlichen Offenbarung und nach dem Gesetz
ihrer Religion führen.[14]

12. Mt 22,14; 13,20-21;
Hebr 6,4-5.

13. Joh 6,44-45.65; 1Joh 2,24-25.
14. Apg 4,12; Joh 4,22; 17,3.

11 | Die Rechtfertigung

1.

Diejenigen, die Gott wirksam beruft, rechtfertigt er auch aus Gnaden;[1] nicht indem er sie mit Gerechtigkeit erfüllt, sondern indem er ihnen die Sünden vergibt und sie selbst für gerecht erklärt und als gerecht annimmt;[2] nicht auf Grund von etwas, was in ihnen bewirkt oder von ihnen getan worden ist, sondern allein um Christi willen.[3] Weder den Glauben selbst noch die Handlung des Glaubens noch irgendeinen anderen evangelischen Gehorsam rechnet er ihnen als ihre Gerechtigkeit an. Vielmehr rechnet er ihnen Christi aktiven Gehorsam gegenüber dem ganzen Gesetz und seinen passiven Gehorsam in seinem Tod als ihre vollkommene und einzige Gerechtigkeit an,[4] wobei sie sich auf ihn und seine Gerechtigkeit verlassen und diese durch den Glauben empfangen. Diesen Glauben haben sie jedoch nicht aus sich selbst — er ist eine Gabe Gottes.[5]

[1] Röm 3,24; 8,30.
[2] Röm 4,5-8; Eph 1,7.
[3] 1Kor 1,30-31; Röm 5,17-19.
[4] Phil 3,8-9; Eph 2,8-10.
[5] Joh 1,12; Röm 5,17.

2.

Glaube, der auf diese Weise Christus und seine Gerechtigkeit aufnimmt und sich darauf verlässt, ist das einzige Mittel der Rechtfertigung;[6] doch nicht das einzige, das sich bei einer gerechtfertigten Person findet, vielmehr ist er stets mit allen anderen rettenden Gnadengaben verbunden. Es ist auch kein toter Glaube, sondern einer, der aus Liebe tätig ist.[7]

[6] Röm 3,28.
[7] Gal 5,6; Jak 2,17.22.26.

3.

Christus hat durch seinen Gehorsam und seinen Tod die Schuld all derer, die gerechtfertigt sind, vollständig getilgt. Indem er sich selbst opferte, hat er für sie im Blut seines Kreuzes — indem er an ihrer Stelle die ihnen gebührende Strafe erduldete — die angemessene, wirkliche und vollkommene Sühnung vor Gottes Gericht erwirkt.[8] Da er nun vom Vater für sie hingegeben wurde und da sein Gehorsam und seine Sühnung stellvertretend für sie gelten und ihnen beides frei und nicht für etwas, das in ihnen ist, zugerechnet wird,[9] geschieht ihre Rechtfertigung allein aus freier Gnade, damit beide, sowohl die strikte Gerechtigkeit als auch die reiche Gnade Gottes, bei der Rechtfertigung von Sündern verherrlicht werden.[10]

[8] Hebr 10,14; 1Petr 1,18-19; Jes 53,5-6.

[9] Röm 8,32; 2Kor 5,21.
[10] Röm 3,26; Eph 1,6-7; 2,7.

4.

Gott hat von aller Ewigkeit her beschlossen, alle Erwählten zu rechtfertigen,[11] und Christus ist, als die Zeit erfüllt war, für ihre Sünden gestorben und um ihrer Rechtfertigung willen wieder von den Toten auferstanden.[12] Dennoch werden sie selbst nicht eher gerechtfertigt, bis ihnen der Heilige Geist zur rechten Zeit Christus tatsächlich zueignet.[13]

[11] Gal 3,8; 1Petr 1,2; 1Tim 2,6.
[12] Röm 4,25.

[13] Kol 1,21-22; Tit 3,4-7.

5.

Gott hört nicht auf, denjenigen, die gerechtfertigt sind, ihre Sünden zu vergeben.[14] Und obwohl sie niemals aus dem Stand der Rechtfertigung fallen können,[15] kann es dennoch geschehen, dass sie sich wegen ihrer Sünden Gottes väterliches Missfallen zuziehen.[16] In diesem Zustand leuchtet gewöhnlich das Licht seines Angesichtes nicht eher wieder über ihnen, bis sie sich demütigen, ihre Sünden bekennen, um Vergebung bitten und ihren Glauben und ihre Buße erneuern.[17]

[14.] Mt 6,12; 1Joh 1,7.9.
[15.] Joh 10,28.
[16.] Ps 89,32-34.
[17.] Ps 32,5; 51; Mt 26,75.

6.

Die Rechtfertigung der Gläubigen im Alten Testament war in jeglicher Hinsicht ein und dieselbe wie die Rechtfertigung der Gläubigen im Neuen Testament.[18]

[18.] Gal 3,9; Röm 4,22-24.

All denen, die gerechtfertigt sind, gewährte Gott in seinem und um seines einzigen Sohnes Jesu Christi willen, dass sie an der Gnade der Kindschaft teilhaben,[1] durch die sie in die Schar der Kinder Gottes aufgenommen werden und deren Freiheiten und Vorrechte genießen,[2] seinen Namen tragen,[3] den Geist der Kindschaft empfangen,[4] freimütigen Zugang zum Thron der Gnade haben, „Abba, Vater" rufen können,[5] von ihm Erbarmen,[6] Schutz,[7] Fürsorge[8] und Züchtigung wie von einem Vater erfahren,[9] doch werden sie niemals verstoßen,[10] vielmehr sind sie auf den Tag der Erlösung hin versiegelt[11] und empfangen als Erben die Verheißungen des ewigen Heils.[12]

[1] Eph 1,5; Gal 4,4-5.
[2] Joh 1,12; Röm 8,17.
[3] 2Kor 6,18; Offb 3,12.
[4] Röm 8,15.
[5] Gal 4,6; Eph 2,18.
[6] Ps 103,13.
[7] Spr 14,26.
[8] 1Petr 5,7.
[9] Hebr 12,6.
[10] Jes 54,8-9; Klgld 3,31.
[11] Eph 4,30.
[12] Hebr 1,14; 6,12.

1.

Diejenigen, die mit Christus verbunden, wirksam berufen und wiedergeboren sind, haben in sich durch die Kraft von Christi Tod und Auferstehung ein neu erschaffenes Herz und einen neuen Geist. Auch weiterhin werden sie wirklich und persönlich[1] durch dieselbe Kraft mittels seines Wortes und Geistes, der in ihnen wohnt,[2] geheiligt. Die Herrschaft des ganzen Leibes der Sünde ist gebrochen,[3] und seine vielfältigen Begierden werden mehr und mehr geschwächt und abgetötet.[4] Und sie selbst werden mehr und mehr in allen rettenden Gnadengaben belebt und gestärkt,[5] um in jeder wahren Heiligung zu leben, ohne die niemand den Herrn sehen wird.[6]

[1.] Apg 20,32; Röm 6,5 6.
[2.] Joh 17,17; Eph 3,16-19; 1Thess 5,21-23.
[3.] Röm 6,14.
[4.] Gal 5,24.
[5.] Kol 1,11.
[6.] 2Kor 7,1; Hebr 12,14.

2.

Diese Heiligung betrifft den ganzen Menschen durch und durch,[7] bleibt jedoch in diesem Leben unvollkommen. Es bleiben in jedem Bereich noch einige Reste der Verdorbenheit zurück,[8] woraus ein anhaltender und unversöhnlicher Kampf entsteht, in dem das Fleisch gegen den Geist und der Geist gegen das Fleisch aufbegehrt.[9]

[7.] 1Thess 5,23.
[8.] Röm 7,18.23.
[9.] Gal 5,17; 1Petr 2,11.

3.

Obwohl in diesem Kampf ihre bleibende Verdorbenheit noch in viel-
lem eine Zeit lang vorherrschen mag,[10] überwindet der wiedergeborene Teil diese dennoch durch die ständige Zurüstung mit Kraft
von dem heiligenden Geist Christi.[11] Und so wachsen die Heiligen in
der Gnade, indem sie im evangelischen Gehorsam gegenüber allen
Geboten, die Christus als ihr Haupt und König ihnen in seinem Wort
geboten hat, ihre Heiligung in der Furcht Gottes vervollkommnen
und auf ein himmlisches Leben ausgerichtet sind.[12]

[10] Röm 7,23.
[11] Röm 6,14.

[12] Eph 4,15-16; 2Kor 3,18; 7,1.

1.

Die Gnadengabe des Glaubens, durch welche die Erwählten dazu befähigt werden, zur Rettung ihrer Seelen zu glauben, ist das Werk des Geistes Christi in ihren Herzen.[1] Sie wird gewöhnlich durch den Dienst des Wortes bewirkt,[2] durch den sie auch ebenso wie durch die Spendung der Taufe und des Abendmahls, durch Gebet und andere von Gott verordnete Mittel zunimmt und gestärkt wird.[3]

[1] 2Kor 4,13; Eph 2,8.
[2] Röm 10,14.17.
[3] Lk 17,5; 1Petr 2,2; Apg 20,32.

2.

Durch diesen Glauben hält ein Christ um der Autorität Gottes willen alles für wahr, was im Wort geoffenbart ist,[4] und er erkennt in ihm einen Vorzug gegenüber allen anderen Schriften und Dingen in dieser Welt,[5] da es die Herrlichkeit Gottes in seinen Eigenschaften, die Vorzüglichkeit Christi in seiner Natur und seinen Ämtern und die Kraft und Fülle des Heiligen Geistes in seinen Werken und Handlungen hervorbringt: Dadurch wird er in die Lage versetzt, sich mit seiner Seele auf die Wahrheit, an die er auf diese Weise glauben kann, zu verlassen.[6] Er verhält sich auch unterschiedlich, je nachdem, was die jeweilige Schriftstelle beinhaltet: Er leistet den Geboten Gehorsam.[7] Er zittert vor den Drohungen.[8] Er ergreift die Verheißungen Gottes für dieses und das zukünftige Leben.[9]

Aber die grundlegenden Handlungen des rettenden Glaubens stehen in unmittelbarer Verbindung zu Christus: ihn anzunehmen, ihn zu empfangen und sich auf Grund des Gnadenbundes auf ihn allein zur Rechtfertigung, zur Heiligung und zum ewigen Leben zu verlassen.[10]

[4.] Apg 24,14.
[5.] Ps 19,8-11; 119,72.
[6.] 2Tim 1,12.
[7.] Joh 15,14.

[8.] Jes 66,2.
[9.] Hebr 11,13.
[10.] Joh 1,12; Apg 16,31; Gal 2,20; Apg 15,11.

3.

Dieser Glaube, auch wenn er verschiedene Grade aufweist und schwach oder stark sein kann,[11] besitzt dennoch auch schon im geringsten Maße — ebenso wie die übrige Gnade der Errettung — ein anderes Wesen und eine andere Natur als der Glaube und die allgemeine Gnade bei denen, die eine Zeit lang glauben.[12] Daher behält er, auch wenn er viele Male angefochten und geschwächt sein kann, dennoch den Sieg,[13] indem er in vielen zur Erlangung völliger Gewissheit durch Christus heranwächst,[14] der sowohl der Anfänger als auch der Vollender unseres Glaubens ist.[15]

[11.] Hebr 5,13-14; Mt 6,30; Röm 4,19-20.
[12.] 2Petr 1,1.

[13.] Eph 6,16; 1Joh 5,4-5.
[14.] Hebr 6,11-12; Kol 2,2.
[15.] Hebr 12,2.

15 | Buße zum Leben und zur Erlösung

1.

Denjenigen der Erwählten, die sich erst im fortgeschrittenen Alter bekehren und schon für geraume Zeit in ihrem natürlichen Zustand gelebt und dabei mancherlei Begierden und Lüsten gedient hatten, schenkt Gott bei ihrer wirksamen Berufung Buße zum Leben.[1]

[1] Tit 3,2-5.

2.

In Anbetracht der Tatsache, dass es niemanden gibt, der Gutes tut und nicht sündigt,[2] und dass die besten Menschen durch die Macht und den Betrug der in ihnen wohnenden Verdorbenheit mit der herrschenden Versuchung in große Sünden und Lästerungen geraten, hat Gott es im Bund der Gnade barmherzigerweise so eingerichtet, dass Gläubige, die so sündigen und zu Fall kommen, durch die Buße zum Heil erneuert werden.[3]

[2] Pred 7,20. [3] Lk 22,31-32.

3.

Diese rettende Buße ist eine evangelische Gnade,[4] durch die sich derjenige, der vom Heiligen Geist ein Empfinden für die vielfältigen Schlechtigkeiten seiner Sünde vermittelt bekommen hat, wegen dieser durch den Glauben an Christus mit Gott wohlgefälliger Reue, Abscheu und Selbstverachtung, demütigt.[5] Er bittet um Vergebung und Kraft durch die Gnade, wobei er sich vornimmt und sich darum bemüht, mit der Hilfe des Geistes vor Gott zu leben, um ihm in allen Dingen wohlzugefallen.[6]

[4] Sach 12,10; Apg 11,18. [6] Ps 119,6.128.
[5] Hes 36,31; 2Kor 7,11.

4.

So wie Buße wegen unseres dem Tod verfallenen Leibes und dessen Beweggründen unser ganzes Leben lang nicht aufhören darf, so ist es die Pflicht eines jeden Menschen, für seine konkreten Sünden jedes Mal wieder Buße zu tun.[7]

7. Lk 19,8; 1Tim 1,13.15.

5.

Gott hat es durch Christus im Bund der Gnade für die Bewahrung der Gläubigen zum Heil so eingerichtet, dass es, auch wenn es keine Sünde gibt, die so gering ist, dass sie nicht die Verdammung verdient hätte,[8] dennoch keine Sünde gibt, die so groß ist, dass sie diejenigen verdammt, die Buße tun.[9] Daher ist es notwendig, dass ständig über Buße gepredigt wird.

8. Röm 6,23.   9. Jes 1,16.18; 55,7.

1.

Nur diejenigen Werke sind gute Werke, die Gott in seinem heiligen Wort geboten hat,[1] und nicht diejenigen, die sich Menschen ohne diesen Anspruch im blinden Eifer oder unter dem Vorwand guter Absichten selbst ausgedacht haben.[2]

[1] Mi 6,8; Hebr 13,21. [2] Mt 15,9; Jes 29,13.

2.

Wenn diese guten Werke im Gehorsam gegenüber Gottes Geboten getan werden, sind sie Früchte und Kennzeichen eines wahren und lebendigen Glaubens.[3] Die Gläubigen bringen durch sie ihre Dankbarkeit zum Ausdruck,[4] stärken ihre Gewissheit,[5] erbauen ihre Geschwister, zieren das Bekenntnis zum Evangelium,[6] stopfen den Mund der Widersacher und verherrlichen Gott,[7] dessen Werk sie sind, in Christus Jesus dazu geschaffen,[8] dass sie, indem sie ihre Frucht zur Heiligkeit bringen, am Ende schließlich das ewige Leben haben.[9]

[3] Jak 2,18.22. [7] 1Tim 6,1; 1Petr 2,15; Phil 1,11.
[4] Ps 116,12-13. [8] Eph 2,10.
[5] 1Joh 2,3.5; 2Petr 1,5-11. [9] Röm 6,22.
[6] Mt 5,16.

3.

Ihre Fähigkeit, gute Werke zu tun, stammt keineswegs von ihnen selbst, sondern ausschließlich vom Geist Christi.[10] Und damit sie zu ihnen fähig sind, ist, abgesehen von den Gnadenerweisen, die sie bereits empfangen haben, ein direkter Einfluss desselben Heiligen Geistes erforderlich, um in ihnen das Wollen und das Vollbringen dessen, was ihm wohlgefällt, zu wirken.[11] Sie dürfen jedoch auf Grund dieser Tatsache nicht nachlässig werden, als ob sie — es sei denn, der Geist veranlasst sie in besonderer Weise dazu — überhaupt keine Pflichten erfüllen müssten, vielmehr sollen sie eifrig darum bemüht sein, die Gabe Gottes, die in ihnen ist, anzufachen.[12]

10. Joh 15,4.6.
11. 2Kor 3,5; Phil 2,13.
12. Phil 2,12; Hebr 6,11-12; Jes 64,6.

4.

Diejenigen, die in ihrem Gehorsam die höchste Stufe erreichen, die in diesem Leben möglich ist, sind dennoch weit von der Fähigkeit entfernt, etwas zu leisten, was über ihre Pflicht hinausgeht, und mehr zu tun, als Gott fordert. Vielmehr bleiben sie in vielem weit hinter dem zurück, was sie zu tun schuldig sind.[13]

13. Hiob 9,2-3; Gal 5,17; Lk 17,10.

5.

Wegen des großen Missverhältnisses, das zwischen unseren besten Werken und der künftigen Herrlichkeit besteht, und wegen des unendlichen Abstands, der zwischen uns und Gott besteht, dem wir durch sie weder etwas nützen noch für die Schuld unserer früheren Sünden Sühne leisten können, können wir durch unsere besten Werke weder Sündenvergebung noch ewiges Leben von Gott verdienen.[14] Wenn wir aber alles getan haben, was wir tun können, so haben wir doch nur unsere Pflicht erfüllt und sind unnütze Knechte. Denn soweit die Werke gut sind, kommen sie von seinem Geist,[15] und soweit sie von uns selbst gewirkt werden, sind sie verunreinigt und mit so viel Schwachheit und Unvollkommenheit vermischt, dass sie vor der Strenge des göttlichen Gerichts keinen Bestand haben.[16]

[14] Röm 3,20; Eph 2,8-9; Röm 4,6.

[15] Gal 5,22-23.
[16] Jes 64,5; Ps 143,2.

6.

Ebenso wie die Gläubigen in ihrer Person durch Christus angenommen sind, werden auch ihre guten Werke in ihm angenommen;[17] nicht als seien sie in diesem Leben aus Gottes Sicht völlig tadellos und unsträflich, sondern weil es ihm — indem er in seinem Sohn auf sie blickt — gefällt, das anzunehmen und zu belohnen, was aufrichtig ist, auch wenn es mit vielen Schwachheiten und Unvollkommenheiten verbunden ist.[18]

[17] Eph 1,6; 1Petr 2,5.

[18] Mt 25,21.23; Hebr 6,10.

7.

Werke, die von nicht wiedergeborenen Menschen getan werden, auch wenn sie der Sache nach etwas sein können, was Gott geboten hat und was sowohl für sie selbst als auch für andere gut und nützlich ist,[19] sind dennoch sündig, weil sie aus keinem durch Glauben gereinigten Herzen hervorgebracht werden[20] und weder in rechter, dem Wort entsprechender Weise[21] noch mit der rechten Absicht, nämlich zur Ehre Gottes, getan werden.[22] Sie können Gott nicht gefallen und auch keinen Menschen in die Lage versetzen, dass er von Gott Gnade empfängt.[23] Und dennoch ist die Unterlassung derselben noch sündiger und missfällt Gott weitaus mehr.[24]

[19] 2Kön 10,30; 1Kön 21,27.29.
[20] 1Mose 4,5; Hebr 11,4.6.
[21] 1Kor 13,1.
[22] Mt 6,2.5.
[23] Am 5,21-22; Röm 9,16; Tit 3,5.
[24] Hiob 21,14-15; Mt 25,41-43.

1.

Diejenigen, die Gott in dem Geliebten angenommen, durch seinen Geist wirksam berufen und geheiligt hat und denen er den kostbaren Glauben seiner Erwählten gegeben hat, können weder ganz noch endgültig aus dem Stand der Gnade fallen, sondern werden darin gewiss bis ans Ende beharren und ewig errettet sein. Denn die Gnadengaben und Berufungen Gottes sind unwiderruflich, weshalb er in ihnen auch fortwährend Glauben, Buße, Liebe, Freude, Hoffnung und all die anderen Gnadengaben des Geistes zur Unsterblichkeit hervorbringt und fördert.[1] Und selbst wenn sich viele Stürme und Fluten erheben und auf sie einstürzen, sind diese doch nicht in der Lage, sie von ihrem Fundament und Felsen zu stürzen, auf dem sie durch den Glauben befestigt sind. Dennoch kann durch Unglauben und die Versuchungen Satans die bewusste Wahrnehmung von Gottes Licht und Liebe eine Zeit lang vor ihnen verdunkelt und verborgen sein,[2] doch bleibt er derselbe, und sie sollen dessen gewiss sein, dass sie durch die Kraft Gottes zum Heil bewahrt bleiben, wo sie sich ihres erworbenen Eigentums erfreuen dürfen, die sie in seine Handflächen eingraviert sind und deren Namen von Ewigkeit her im Buch des Lebens geschrieben stehen.[3]

[1] Joh 10,28-29; Phil 1,6; 2Tim 2,19; 1Joh 2,19.

[2] Ps 89,32-33; 1Kor 11,32.

[3] Mal 3,6.

2.

Dieses Beharren der Heiligen beruht nicht auf ihrem eigenen freien Willen, sondern auf dem unveränderlichen Ratschluss der Erwählung,[4] der aus der freien und unwandelbaren Liebe Gottes des Vaters hervorkommt, auf der Wirksamkeit des Verdienstes und der Fürsprache Jesu Christi und der Einheit mit ihm,[5] dem Eid Gottes,[6] darauf, dass der Geist und der Same Gottes in ihnen bleiben,[7] und auf der Beschaffenheit des Gnadenbundes.[8] Aus all diesem entsteht auch die Gewissheit und Unfehlbarkeit desselben.

[4] Röm 8,30; 9,11.16.
[5] Röm 5,9-10; Joh 14,19.
[6] Hebr 6,17-18.
[7] 1Joh 3,9.
[8] Jer 32,40.

3.

Es kann zwar sein, dass sie durch die Versuchung Satans und der Welt, durch das Vorherrschen der in ihnen verbliebenen Verdorbenheit und durch den nachlässigen Gebrauch der Mittel für ihre Bewahrung in schwere Sünden fallen und eine Zeit lang darin verharren,[9] wodurch sie Gottes Missfallen erregen und seinen Heiligen Geist betrüben,[10] wodurch sie so weit kommen, dass ihre Gnaden und ihr Trost geschwächt werden,[11] wodurch ihre Herzen verhärtet und ihre Gewissen verletzt werden,[12] sie andere verletzen und bei ihnen Anstoß erregen und sie vorübergehende Strafen auf sich bringen.[13] Dennoch werden sie ihre Buße erneuern und durch Glauben an Christus Jesus bis zum Ende bewahrt bleiben.[14]

[9] Mt 26,70.72.74.
[10] Jes 64,4.8; Eph 4,30.
[11] Ps 51,10.12.
[12] Ps 32,3 4.
[13] 2Sam 12,14.
[14] Lk 22,32.61-62.

18 | Die Gewissheit der Gnade und der Errettung

1.

Auch wenn es sein kann, dass diejenigen, die eine Zeit lang glauben, und andere nicht wiedergeborene Menschen sich selbst mit falschen Hoffnungen und fleischlichen Anmaßungen vergeblich damit betrügen, dass sie unter Gottes Gunst und im Stand der Errettung seien, wird ihre Hoffnung zugrunde gehen.[1] Doch diejenigen, die wirklich an den Herrn Jesus glauben und ihn aufrichtig lieben, indem sie sich bemühen, mit völlig reinem Gewissen vor ihm zu leben, können in diesem Leben völlig gewiss sein, dass sie im Stand der Gnade sind, und können sich der Hoffnung auf die Herrlichkeit Gottes rühmen, eine Hoffnung,[2] die sie niemals zuschanden werden lassen wird.[3]

[1]. Hiob 8,13-14; Mt 7,22-23.
[2]. 1Joh 2,3; 3,14.18-19.21.24; 5,13.
[3]. Röm 5,2.5.

2.

Diese Gewissheit ist nicht nur eine mutmaßliche und wahrscheinliche Überzeugung, die auf einer fehlbaren Hoffnung beruht, sondern eine unfehlbare Glaubensgewissheit,[4] die sich auf das Blut und die Gerechtigkeit Christi, wie sie im Evangelium offenbart sind,[5] auf den inneren Erweis der Gnadengaben des Geistes, die verheißen worden sind,[6] und auf das Zeugnis des Geistes der Kindschaft gründet, der zusammen mit unserem Geist Zeugnis gibt, dass wir Kinder Gottes sind.[7] Als Frucht davon bewahrt sie das Herz sowohl in einer demütigen als auch heiligen Haltung.[8]

[4]. Hebr 6,11.19.
[5]. Hebr 6,17-18.
[6]. 2Petr 1,4 5.10-11.
[7]. Röm 8,15-16.
[8]. 1Joh 3,1-3.

3.

Diese unfehlbare Gewissheit gehört nicht so zum Wesen des Glaubens, dass ein wahrer Gläubiger nicht auch lange darauf warten und mit vielen Schwierigkeiten zu kämpfen haben könnte, bis er an ihr teil hat.[9] Doch durch den Geist dazu befähigt, die Dinge zu erkennen, die ihm von Gott frei gegeben sind, kann er sie ohne eine außergewöhnliche Offenbarung durch den rechten Gebrauch der Mittel erlangen.[10] Darum haben alle die Pflicht, allen Fleiß anzuwenden, sich ihrer Berufung und Erwählung zu vergewissern, damit ihr Herz dadurch an Frieden und Freude im Heiligen Geist, an Liebe und Dankbarkeit gegenüber Gott und an Kraft und Bereitwilligkeit in den Pflichten des Gehorsams zunimmt, welche die besonderen Früchte dieser Gewissheit sind.[11] Dies ist sehr weit davon entfernt, Menschen zur Nachlässigkeit zu verleiten.[12]

[9] Jes 50,10; Ps 88; 77,2-13.
[10] 1Joh 4,13; Hebr 6,11-12.
[11] Röm 5,1-2.5; 14,17; Ps 119,32.
[12] Röm 6,1-2; Tit 2,11-12.14.

4.

Die Heilsgewissheit von wahren Gläubigen kann auf verschiedene Weise erschüttert, geschwächt oder unterbrochen werden, beispielsweise dadurch, dass sie es vernachlässigen, diese zu bewahren,[13] dadurch dass sie in eine besondere Sünde fallen, die das Gewissen verwundet und den Geist betrübt,[14] dadurch dass sie plötzlich oder heftig versucht werden,[15] oder dadurch dass Gott das Licht seines Angesichts verbirgt und sogar die, die ihn fürchten, in Finsternis wandeln und kein Licht haben lässt.[16] Dennoch verlieren sie niemals den Samen Gottes[17] und das Leben durch den Glauben,[18] die Liebe zu Christus und den Geschwistern, die Aufrichtigkeit des Herzens und das Pflichtbewusstsein, aus denen durch die Wirksamkeit des Geistes die Gewissheit zur rechten Zeit wieder neu belebt werden kann[19] und durch die sie in der Zwischenzeit vor der völligen Verzweiflung bewahrt bleiben.[20]

---

[13] Hld 5,2-3.6.
[14] Ps 51,10.14.16.
[15] Ps 116,11; 77,8-9; 31,23.
[16] Ps 30,8.

[17] 1Joh 3,9.
[18] Lk 22,32.
[19] Ps 42,6.12.
[20] Klgld 3,26-31.

19 | DAS GESETZ GOTTES

1.

Gott gab Adam ein Gesetz, das auf sein Herz geschrieben war und allumfassenden Gehorsam forderte, und die konkrete Anweisung, nicht von der Frucht des Baumes der Erkenntnis des Guten und Bösen zu essen.[1] Dadurch hat er ihn und alle seine Nachkommen zu persönlichem, vollkommenem, gewissenhaftem und stetigem Gehorsam verpflichtet,[2] bei der Erfüllung Leben verheißen und bei der Übertretung den Tod angedroht und ihm auch Kraft und Fähigkeit verliehen, es zu halten.[3]

[1] 1Mose 1,27; Pred 7,29.
[2] Röm 10,5.
[3] Gal 3,10.12.

2.

Dasselbe Gesetz, das anfangs auf das Herz des Menschen geschrieben worden war, blieb auch nach dem Fall ein vollkommener Maßstab für die Gerechtigkeit.[4] Es wurde von Gott auf dem Berg Sinai in den Zehn Geboten übergeben und auf zwei Tafeln geschrieben, von denen die ersten vier unsere Schuldigkeit gegenüber Gott und die anderen sechs unsere Schuldigkeit gegenüber den Menschen beinhalten.[5]

[4] Röm 2,14-15.
[5] 5Mose 10,4.

3.

Neben diesem Gesetz, das man gewöhnlich Moralgesetz nennt, hat es Gott gefallen, dem Volk Israel Zeremonialgesetze zu geben, die verschiedene sinnbildliche Anordnungen enthalten. Teilweise beziehen diese sich auf den Gottesdienst, indem sie im voraus Christus, seine Gnadengaben, Taten, Leiden und Wohltaten darstellen,[6] und teilweise bieten sie verschiedene Anweisungen für moralische Pflichten.[7] Alle diese Zeremonialgesetze, die nur bis zum Zeitpunkt der Neugestaltung in Kraft waren, wurden von Jesus Christus, dem wahren Messias und alleinigen Gesetzgeber, der vom Vater dazu bevollmächtigt wurde, aufgehoben und beseitigt.[8]

[6] Hebr 10,1; Kol 2,17.
[7] 1Kor 5,7.

[8] Kol 2,14.16-17; Eph 2,14.16.

4.

Er gab ihnen auch verschiedene Judizialgesetze, die zusammen mit dem Ende der staatlichen Existenz dieses Volkes ihre Gültigkeit verloren haben, so dass nun niemand mehr kraft dieses Rechts gebunden ist. Lediglich ihre allgemeine Entsprechung ist von moralischem Nutzen.[9]

9. 1Kor 9,8-10.

5.

Das Moralgesetz verpflichtet für immer alle Menschen zum Gehorsam, sowohl die Gerechtfertigten als auch die anderen,[10] und dies nicht nur hinsichtlich der in ihm enthaltenen Bestimmungen, sondern auch im Blick auf die Autorität Gottes, des Schöpfers, der es gegeben hat.[11] Ebenso löst Christus diese Verpflichtung im Evangelium keineswegs auf, sondern verstärkt sie sogar noch deutlich.[12]

10. Röm 13,8-10; Jak 2,8.10-12.   12. Mt 5,17-19; Röm 3,31.
11. Jak 2,10-11.

6.

Obwohl sich wahre Gläubige nicht unter dem Gesetz als einem Bund der Werke befinden, um dadurch gerechtfertigt oder verdammt zu werden,[13] ist es dennoch für sie wie auch für andere von großem Nutzen, weil es ihnen als Maßstab für das Leben den Willen Gottes und ihre eigene Schuldigkeit mitteilt: Es gebietet ihnen und verpflichtet sie dazu, dementsprechend zu leben, und deckt die sündhaften Verunreinigungen ihrer Natur, ihres Herzens und ihrer Lebensführung auf, so dass sie, wenn sie sich selbst daran prüfen, an Sündenerkenntnis, Demütigung wegen der Sünde und Hass auf die Sünde zunehmen können[14] und gleichzeitig zu einer klareren Einsicht darüber gelangen können, wie nötig sie Christus und die Vollkommenheit seines Gehorsams haben. Ferner ist das Gesetz für die Wiedergeborenen dazu nützlich, ihre Verdorbenheit dadurch einzudämmen, dass es Sünde verbietet; und seine Drohungen dienen dazu, ihnen zu zeigen, was selbst ihre Sünden noch verdient haben und welche Nöte sie in diesem Leben dafür erwarten müssen, auch wenn sie von seinem Fluch und seiner ungeminderten Härte befreit sind. Die Verheißungen des Gesetzes zeigen ihnen in gleicher Weise Gottes Wohlgefallen am Gehorsam und welche Segnungen sie bei seiner Erfüllung erwarten dürfen; doch haben sie durch das Gesetz keinen Anspruch darauf wie bei einem Bund der Werke. Wenn daher ein Mensch Gutes tut und Böses unterlässt, weil das Gesetz ihn zu dem einen ermutigt und vom anderen abhält, ist dies kein Anzeichen dafür, dass er unter dem Gesetz und nicht unter der Gnade ist.[15]

[13] Röm 6,14; Gal 2,16; Röm 8,1; 10,4.

[14] Röm 3,20; 7,7 etc.

[15] Röm 6,12-14; 1Petr 3,8-13.

7.

Ebenso stehen die zuvor erwähnten Gebrauchsweisen des Gesetzes nicht im Widerspruch zur Gnade des Evangeliums, sondern stimmen harmonisch damit überein.[16] Denn der Geist Christi unterwirft und befähigt den Willen des Menschen, freiwillig und freudig das zu tun, was der im Gesetz geoffenbarte Wille Gottes zu tun fordert.[17]

[16] Gal 3,21.   [17] Hes 36,27.

1.

Nachdem der Bund der Werke durch die Sünde gebrochen worden war und kein Leben mehr geben konnte, gefiel es Gott, die Verheißung des Christus, des Samens der Frau, als das Mittel bekannt zu geben, durch das er die Erwählten beruft und in ihnen Glauben und Buße hervorbringt.[1] In dieser Verheißung wurde das Evangelium in seinem wesentlichen Gehalt geoffenbart, und es war darin zur Bekehrung und Errettung von Sündern wirksam.[2]

[1] 1Mose 3,15.　　　　　　　[2] Offb 13,8.

2.

Diese Verheißung des Christus und die Erlösung durch ihn wird nur durch das Wort Gottes offenbart.[3] Die Werke der Schöpfung oder der Vorsehung enthüllen zusammen mit dem Licht der Natur Christus oder die von ihm ausgehende Gnade nicht einmal in einer ganz allgemeinen und unklaren Weise.[4] Noch viel weniger können Menschen durch sie in die Lage versetzt werden, rettenden Glauben und Buße zu erlangen, ohne die Offenbarung von ihm durch die Verheißung oder das Evangelium zu kennen.[5]

[3] Röm 1,17.　　　　　　　[5] Spr 29,18; Jes 25,7; 60,2-3.
[4] Röm 10,14-15.17.

3.

Die Offenbarung des Evangeliums an Sünder, die zu unterschiedlichen Zeiten und in verschiedenen Teilen geschah — wobei für die Nationen und Personen, denen es anvertraut wurde, Verheißungen und Gebote hinsichtlich des darin geforderten Gehorsams hinzugefügt wurden — geht ausschließlich auf den souveränen Willen und das Wohlgefallen Gottes zurück.[6] Sie ist nicht kraft irgendeiner Verheißung mit der angemessenen Vervollkommnung der natürlichen Fähigkeiten des Menschen verknüpft, und auch nicht kraft des allgemeinen Lichts, das man auch ohne das Evangelium empfängt, was nie jemand geschafft hat oder schaffen kann.[7] Daher ist die Predigt des Evangeliums zu allen Zeiten einzelnen Personen und Nationen anvertraut worden, um es gemäß dem Ratschluss des Willens Gottes auf sehr unterschiedliche Weise auszubreiten oder einzudämmen.

[6] Ps 147,20; Apg 16,7.   [7] Röm 1,18-32.

4.

Auch wenn das Evangelium das einzige äußerliche Mittel ist, um Christus und die rettende Gnade zu offenbaren, und auch wenn es als solches völlig ausreichend dazu ist; so ist doch — damit Menschen, die in ihren Übertretungen tot sind, von neuem geboren, lebendig gemacht oder wiedergeboren werden — darüber hinaus ein wirksames, unwiderstehliches Wirken des Heiligen Geistes an der ganzen Seele nötig, um in ihnen ein neues geistliches Leben zu erzeugen,[8] denn ohne dies kann kein anderes Mittel ihre Bekehrung zu Gott erwirken.[9]

[8] Ps 110,3; 1Kor 2,14; Eph 1,19-20.   [9] Joh 6,44; 2Kor 4,4.6.

21 | Die christliche Freiheit und die Freiheit des Gewissens

1.

Die Freiheit, die Christus den Gläubigen unter dem Evangelium erworben hat, besteht in ihrer Freiheit von der Sündenschuld, dem verdammenden Zorn Gottes, der Härte und dem Fluch des Gesetzes[1] und in ihrer Erlösung aus dieser gegenwärtigen bösen Welt,[2] der Knechtschaft Satans[3] und der Herrschaft der Sünde,[4] von dem Übel der Leiden,[5] der Furcht und dem Stachel des Todes, dem Sieg des Hades[6] und der ewigen Verdammnis;[7] ebenso in ihrem freien Zugang zu Gott und ihrem ihm ergebenen Gehorsam, der nicht aus knechtischer Furcht,[8] sondern aus kindlicher Liebe und Bereitwilligkeit geschieht.[9]

Im Wesentlichen hatten an all dem auch die Gläubigen unter dem Gesetz Anteil.[10] Aber unter dem Neuen Bund ist die Freiheit der Christen noch weiter vergrößert worden, indem sie vom Joch des Zeremonialgesetzes befreit worden sind, dem die jüdische Gemeinde unterworfen war, und indem sie mit größerer Freimütigkeit Zugang zum Gnadenthron haben und eine umfassendere Mitteilung des freien Geistes Gottes empfangen, als sie den Gläubigen unter dem Gesetz normalerweise zu Teil wurde.[11]

[1.] Gal 3,13.
[2.] Gal 1,4.
[3.] Apg 26,18.
[4.] Röm 8,3.
[5.] Röm 8,28.
[6.] 1Kor 15,54-57.
[7.] 2Thess 1,10.
[8.] Röm 8,15.
[9.] Lk 1,74-75; 1Joh 4,18.
[10.] Gal 3,9.14.
[11.] Joh 7,38-39; Hebr 10,19-21.

2.

Gott allein ist Herr des Gewissens,[12] und er hat es nicht an menschliche Lehren und Gebote gebunden, die in irgendeiner Weise seinem Wort entgegenstehen oder nicht darin enthalten sind.[13] Daher wird die wahre Gewissensfreiheit verraten, wenn unter Berufung auf das Gewissen solchen Lehren geglaubt und solchen Geboten Gehorsam geleistet wird.[14] Ebenso bedeutet die Forderung nach blindem Glauben und absolutem und blindem Gehorsam, dass die Gewissensfreiheit und auch die Freiheit der Vernunft zerstört werden.[15]

[12] Jak 4,12; Röm 14,4.
[13] Apg 4,19; 5,29; 1Kor 7,23; Mt 15,9.
[14] Kol 2,20.22-23.
[15] 1Kor 3,5; 2Kor 1,24.

3.

Diejenigen, die unter dem Vorwand christlicher Freiheit irgendeine Sünde begehen oder an irgendeiner sündigen Lust festhalten, zerstören so — da sie dadurch die wesentliche Absicht der Gnade des Evangeliums zu ihrem eigenen Verderben verdrehen[16] — völlig den Zweck der christlichen Freiheit, der darin besteht, dass wir, die wir aus den Händen all unserer Feinde befreit sind, ohne Furcht dem Herrn dienen, in Heiligkeit und Gerechtigkeit vor ihm alle Tage unseres Lebens.[17]

[16] Röm 6,1-2.
[17] Gal 5,13; 2Petr 2,18-21.

1.

Das Licht der Natur zeigt, dass es einen Gott gibt, der Herrschaft und uneingeschränkte Gewalt über alles hat; der gerecht und gut und wohltätig gegenüber jedermann ist und der deshalb mit ganzem Herzen, mit ganzer Seele und mit ganzer Kraft gefürchtet, geliebt, gepriesen und angerufen werden soll und dem vertraut und gedient werden soll.[1] Dabei ist die angemessene Art und Weise, in welcher der wahre Gott verehrt werden soll, von ihm selbst festgesetzt worden[2] und durch seinen eigenen geoffenbarten Willen derart gebunden, dass er nicht nach den Vorstellungen und Einfällen von Menschen oder gemäß den Anregungen Satans durch irgendwelche sichtbaren Darstellungen oder auf irgendeine sonstige Weise, die nicht in der Heiligen Schrift angeordnet ist, verehrt werden darf.[3]

[1.] Jer 10,7; Mk 12,33.
[2.] 5Mose 13,1.
[3.] 2Mose 20,4-6.

2.

Ausschließlich Gott, der Vater, Sohn und Heilige Geist, darf gottesdienstlich verehrt werden[4] — nicht Engel, Heilige oder irgendwelche anderen Geschöpfe[5] — und seit dem Sündenfall nicht ohne einen Mittler[6] oder durch die Vermittlung irgend eines anderen außer Christus allein.[7]

[4.] Mt 4,9-10; Joh 6,23; Mt 28,19.
[5.] Röm 1,25; Kol 2,18; Offb 19,10.
[6.] Joh 14,6.
[7.] 1Tim 2,5.

3.

Gott fordert von allen Menschen Gebet mit Danksagung, was ein besonderer Teil des natürlichen Gottesdienstes ist.[8] Aber damit es annehmbar ist, muss es im Namen des Sohnes[9] mit der Hilfe des Geistes,[10] in Übereinstimmung mit seinem Willen[11] vorgebracht werden; mit Verständnis, Ehrfurcht, Demut, Inbrunst, Glauben, Liebe und Beharrlichkeit, und wenn andere dabei sind, in einer bekannten Sprache.[12]

[8.] Ps 95,1-7; 65,3.
[9.] Joh 14,13-14.
[10.] Röm 8,26.
[11.] 1Joh 5,14.
[12.] 1Kor 14,16-17.

4.

Man soll für die Dinge beten, die das Gesetz gutheißt, und für jegliche Menschen, die jetzt leben oder künftig leben werden;[13] aber nicht für die Toten[14] oder für die, von denen bekannt ist, dass sie die Sünde zum Tode begangen haben.[15]

[13.] 1Tim 2,1-2; 2Sam 7,29.
[14.] 2Sam 12,21-23.
[15.] 1Joh 5,16.

5.

Das Lesen der Heiligen Schrift,[16] das Predigen und Hören von Gottes Wort,[17] das Lehren und gegenseitige Ermahnen mit Psalmen, Lobliedern und geistlichen Liedern — indem wir dem Herrn in unseren Herzen mit Gnade singen —[18] sowie die Spende von Taufe[19] und Abendmahl[20] sind allesamt Teile des Gottesdienstes, die im Gehorsam gegenüber Gott mit rechtem Verständnis, in Treue, Ehrerbietung und Gottesfurcht ausgeführt werden sollen. Darüber hinaus soll in besonderen Situationen eine würdevolle Demütigung unter Fasten[21] und Danksagung in heiliger und religiöser Weise durchgeführt werden.[22]

[16.] 1Tim 4,13.
[17.] 2Tim 4,2; Lk 8,18.
[18.] Kol 3,16; Eph 5,19.
[19.] Mt 28,19-20.
[20.] 1Kor 11,26.
[21.] Est 4,16; Joel 2,12.
[22.] 2Mose 15,1 etc.; Ps 107.

6.

Weder Gebet noch irgendein anderer Teil des Gottesdienstes ist jetzt unter dem Evangelium an einen bestimmten Ort gebunden oder annehmbarer, wenn es dort vollzogen wird oder zu ihm hin gerichtet ist. Vielmehr soll Gott überall in Geist und Wahrheit angebetet werden,[23] täglich[24] im engsten Kreise der Familie,[25] im Verborgenen von jedem für sich selbst[26] und um so ernsthafter in den öffentlichen Gemeindeversammlungen, die nicht sorglos oder absichtlich vernachlässigt oder versäumt werden dürfen, wenn Gott durch sein Wort oder seine Vorsehung dazu aufruft.[27]

[23.] Joh 4,21; Mal 1,11; 1Tim 2,8.
[24.] Mt 6,11; Ps 55,18.
[25.] Apg 10,2.
[26.] Mt 6,6.
[27.] Hebr 10,25; Apg 2,42.

7.

So wie das Gesetz der Natur durch Gottes Bestimmung vorsieht, dass üblicherweise ein Teil der Zeit für den Gottesdienst bestimmt ist, so hat Gott in seinem Wort in einem eindeutigen, moralischen und immer gültigen Gebot, das für alle Menschen zu allen Zeiten bindend ist, einen von sieben Tagen als Sabbat festgelegt, der für ihn heilig gehalten werden soll.[28] Vom Anfang der Welt bis zur Auferstehung Christi war dies der letzte Tag der Woche, seit der Auferstehung Christi wurde er auf den ersten Tag der Woche verlegt, der Tag des Herrn genannt wird:[29] Dieser soll bis zum Ende der Welt als christlicher Sabbat beibehalten werden, wodurch die Einhaltung des letzten Tages der Woche aufgehoben ist.

[28] 2Mose 20,8.

[29] 1Kor 16,1-2; Apg 20,7; Offb 1,10.

8.

Der Sabbat wird dann dem Herrn heilig gehalten, wenn man nach angemessener Vorbereitung des Herzens und nachdem man die alltäglichen Angelegenheiten im Voraus erledigt hat, sich nicht lediglich den ganzen Tag über eine heilige Ruhe von den eigenen Werken, Worten und Gedanken über die weltliche Arbeit und Vergnügungen gönnt,[30] sondern wenn man darüber hinaus die ganze Zeit mit der öffentlichen und privaten Verehrung Gottes beschäftigt ist und mit den Pflichten, die notwendig sind und welche die Barmherzigkeit von uns fordert.[31]

[30] Jes 58,13; Neh 13,15-23.

[31] Mt 12,1-13.

23 | Rechtmäßige Eide und Gelübde

1.

Ein rechtmäßiger Eid ist Teil der Gottesverehrung, worin jemand in Wahrheit, Rechtschaffenheit und mit Urteilsvermögen schwört und feierlich Gott zum Zeugen für das anruft, was er schwört,[1] und zum Richter über sich selbst anruft, je nachdem, ob er den Eid treu einhält oder ihn bricht.[2]

[1.] 2Mose 20,7; 5Mose 10,20; Jer 4,2.

[2.] 2Chr 6,22-23.

2.

Menschen dürfen allein beim Namen Gottes schwören, der dabei mit aller heiligen Furcht und Ehrerbietung gebraucht werden muss. Deswegen ist unnötiges und übereiltes Schwören bei diesem herrlichen und furchterregenden Namen oder überhaupt Schwören bei irgendeiner anderen Sache sündig und muss verabscheut werden.[3] Weil jedoch in gewichtigen und weitreichenden Angelegenheiten ein Eid vom Wort Gottes her gerechtfertigt ist, um die Wahrheit zu bekräftigen und allen Streit zu beenden,[4] soll ein rechtmäßiger Eid, der in solchen Angelegenheiten von einer rechtmäßigen Autorität eingefordert wird, auch geleistet werden.[5]

[3.] Mt 5,34.37; Jak 5,12.
[4.] Hebr 6,16; 2Kor 1,23.

[5.] Neh 13,25.

3.

Jeder, der einen vom Wort Gottes her gerechtfertigten Eid leistet, soll in angemessener Weise erwägen, wie gewichtig eine solch ernste Handlung ist, und sich dabei ausschließlich für das verbürgen, wovon er weiß, dass es die Wahrheit ist; denn vorschnelle, falsche und unnütze Eide erzürnen den Herrn, und unter ihnen leidet dieses Land.[6]

6. 3Mose 19,12; Jer 23,10.

4.

Ein Eid soll im offenkundigen und üblichen Sinn der Worte ohne Zweideutigkeit oder inneren Vorbehalt geleistet werden.[7]

7. Ps 24,4.

5.

Ein Gelübde, das nicht gegenüber irgendeinem Geschöpf, sondern allein gegenüber Gott abgelegt werden darf, muss mit aller religiösen Sorgfalt und Treue erfüllt werden.[8] Doch papistische klösterliche Gelübde zu lebenslanger Ehelosigkeit,[9] ausgesprochener Armut[10] und Ordensgehorsam sind weit davon entfernt, Grade höherer Vollkommenheit zu sein, so dass sie abergläubische und sündhafte Schlingen sind, in die sich kein Christ verstricken sollte.[11]

8. Ps 76,12; 1Mose 28,20-22.
9. 1Kor 7,2.9.
10. Eph 4,28.
11. Mt 19,11.

1.

Gott, der oberste Herr und König der ganzen Welt, hat zu seiner eigenen Ehre und zum öffentlichen Wohl staatliche Obrigkeiten unter sich über das Volk eingesetzt. Zu diesem Zweck hat er sie mit der Gewalt des Schwertes ausgerüstet, um diejenigen, die Gutes tun, zu schützen und zu ermutigen und um die Übeltäter zu bestrafen.[1]

[1] Röm 13,1-4.

2.

Es ist Christen erlaubt, ein obrigkeitliches Amt anzunehmen und auszuüben, wenn sie dazu berufen werden. Da es vor allem ihre Aufgabe ist, Gerechtigkeit und Frieden gemäß den guten Gesetzen eines jeden Staates und Gemeinwesens aufrechtzuerhalten,[2] sind sie zu diesem Zweck auch jetzt unter dem Neuen Bund berechtigt, aus gerechten und notwendigen Anlässen Krieg zu führen.[3]

[2] 2Sam 23,3; Ps 82,3-4.   [3] Lk 3,14.

3.

Staatliche Obrigkeiten sind von Gott für die zuvor genannten Ziele eingesetzt worden. Wir sollen ihnen in allen rechtmäßigen Dingen, die sie befehlen, im Herrn untertänig sein, nicht nur um der Strafe, sondern auch um des Gewissens willen.[4] Ebenso sollen wir Fürbitte tun und für Könige und alle, die Macht ausüben, beten, damit wir unter ihnen ein ruhiges und friedliches Leben in aller Gottesfurcht und Ehrbarkeit führen können.[5]

[4] Röm 13,5-7; 1Petr 2,17.   [5] 1Tim 2,1-2.

1.

Eine Ehe besteht zwischen einem Mann und einer Frau. Weder ist es irgendeinem Mann gestattet, gleichzeitig mehr als eine Frau, noch irgendeiner Frau, gleichzeitig mehr als einen Mann zu haben.[1]

> [1] 1Mose 2,24; Mal 2,15; Mt 19,5-6.

2.

Die Ehe ist zur gegenseitigen Hilfe von Mann und Frau bestimmt,[2] zur Vermehrung der Menschheit durch legitime Nachkommen[3] und zur Vermeidung von Unreinheit.[4]

> [2] 1Mose 2,18.
> [3] 1Mose 1,28.
> [4] 1Kor 7,2.9.

3.

Allen Menschen, die in der Lage sind, zurechnungsfähig ihre Einwilligung zu geben, ist es erlaubt zu heiraten.[5] Doch ist es die Pflicht der Christen, die Ehe im Herrn zu schließen.[6] Daher sollen diejenigen, die sich zur wahren Religion bekennen, nicht mit Ungläubigen oder Götzendienern die Ehe eingehen, noch sollen Gottesfürchtige unter fremdartigem Joch gehen, indem sie solche heiraten, die ein gottloses Leben führen oder an verdammenswerten Irrlehren festhalten.[7]

> [5] Hebr 13,4; 1Tim 4,3.
> [6] 1Kor 7,39.
> [7] Neh 13,25-27.

4.

Eine Ehe darf nicht zwischen den Graden von Blutsverwandtschaft oder Verschwägerung bestehen, die im Wort verboten sind.[8] Auch kann keine solch blutschänderische Ehe durch irgendein menschliches Gesetz oder durch das beiderseitige Einverständnis der Partner jemals rechtmäßig werden, so dass diese Personen wie Mann und Frau zusammenleben dürften.[9]

[8] 3. Mose 18.

[9] Mk 6,18; 1Kor 5,1.

1.

Die katholische oder weltweite Gemeinde, die (im Blick auf das innere Wirken des Geistes und der Wahrheit der Gnade) unsichtbar genannt werden kann, besteht aus der Gesamtzahl der Erwählten, die in Vergangenheit, Gegenwart oder Zukunft unter Christus, ihrem Haupt, in eins vereinigt sind. Sie ist die Braut, der Leib und die Fülle dessen, der alles in allen erfüllt.[1]

[1] Hebr 12,23; Kol 1,18; Eph 1,10.22-23; 5,23.27.32.

2.

Alle diejenigen auf der ganzen Welt, die den Glauben des Evangeliums bekennen und im entsprechenden Gehorsam gegenüber Gott durch Christus leben, wobei sie ihr eigenes Bekenntnis nicht durch irgendwelche Irrtümer, die das Fundament umkehren, oder durch unheiligen Umgang zerstören, sind sichtbare Heilige und können so genannt werden.[2] Und aus solchen sollen sich die einzelnen Ortsgemeinden zusammensetzen.[3]

[2] 1Kor 1,2; Apg 11,26.

[3] Röm 1,7; Eph 1,20-22.

3.

Die reinsten Gemeinden unter dem Himmel sind Vermischung und Irrtum unterworfen,[4] und manche sind so entartet, dass sie nicht einmal mehr Gemeinden Christi sind, sondern Synagogen Satans.[5] Dennoch hatte Christus immer ein Reich in dieser Welt, und er wird es auch bis zu ihrem Ende haben, das aus denen besteht, die an ihn glauben und seinen Namen bekennen.[6]

[4] 1Kor 5*; Offb 2-3 (*vgl. S. 14 Anm. 7).

[5] Offb 18,2; 2Thess 2,11-12.

[6] Mt 16,18; Ps 72,17; 102,29; Offb 12,17.

4.

Der Herr Jesus Christus ist das Haupt der Gemeinde, auf den durch die Einsetzung des Vaters alle Macht zur Berufung, Einsetzung, Ordnung und Leitung der Gemeinde in höchster und souveräner Weise übertragen worden ist.[7] Auch der römische Papst kann in keiner Weise ihr Haupt sein, vielmehr ist er der Antichrist, der Mensch der Gesetzlosigkeit und der Sohn des Verderbens, der sich in der Gemeinde gegen Christus auflehnt und sich über alles, was Gott heißt, überhebt; ihn wird der Herr bei der Erscheinung seiner Ankunft vernichten.[8]

[7.] Kol 1,18; Mt 28,18-20; Eph 4,11-12.

[8.] 2Thess 2,3-9.

5.

In der Ausübung der ihm in dieser Weise anvertrauten Macht, ruft der Herr Jesus mittels des Dienstes seines Wortes durch seinen Geist diejenigen aus der Welt zu sich, die ihm von seinem Vater gegeben worden sind,[9] damit sie in uneingeschränktem Gehorsam vor ihm leben, wie er es ihnen in seinem Wort vorgeschrieben hat.[10] All denen, die so berufen wurden, hat er geboten, ihm gemeinsam in einzelnen Gemeinschaften oder Ortsgemeinden nachzufolgen, zu ihrer gegenseitigen Erbauung und um den Gottesdienst, den er von ihnen in der Welt fordert, in angemessener Weise öffentlich abzuhalten.[11]

[9.] Joh 10,16; 12,32.
[10.] Mt 28,20.

[11.] Mt 18,15-20.

6.

Die Glieder dieser Gemeinden sind auf Grund ihrer Berufung Heilige, die (in ihrem Bekenntnis und durch ihren Lebenswandel) sichtbar ihren Gehorsam gegenüber dieser Berufung Christi offenbar machen und belegen;[12] und die bereitwillig darin übereinkommen, gemeinsam Christus seiner Anordnung entsprechend nachzufolgen, indem sie sich selbst nach Gottes Willen dem Herrn und einander völlig hingeben, wobei sie öffentlich bekennen, dass sie sich den Anordnungen des Evangeliums unterordnen.[13]

[12.] Röm 1,7; 1Kor 1,2.

[13.] Apg 2,41 42; 5,13-14; 2Kor 9,13.

7.

Jeder einzelnen Gemeinde, die sich auf diese Weise versammelt, hat er — gemäß seinem Willen, der in seinem Wort dargelegt ist — all die Macht und Autorität gegeben, die auf jeden Fall notwendig ist, damit sie die Anordnung bezüglich des Gottesdienstes und der Gemeindezucht ausführen können, was er ihnen in Verbindung mit Geboten und Regeln für den rechten Gebrauch und die rechte Ausübung dieser Macht zu befolgen geboten hat.[14]

[14.] Mt 18,17-18; 1Kor 5,4-5.13; 2Kor 2,6-8.

8.

Eine Ortsgemeinde, die sich im Sinne Christi versammelt und vollständig eingerichtet ist, besteht aus Amtsträgern und Gliedern. Die von Christus berufenen Amtsträger, die von der (zu diesem Zwecke eigens zusammengerufenen) Gemeinde bestimmt und ausgesondert werden sollen, um die besondere Verwaltung der Anordnungen wahrzunehmen und die Vollmacht, die er ihnen anvertraut, und die Pflicht, zu der er sie beruft, auszuüben, was bis zum Ende der Welt beibehalten werden soll, sind Aufseher oder Älteste und Diakone.[15]

15. Apg 20,17.28; Phil 1,1.

9.

Die von Christus festgelegte Art und Weise zur Berufung eines Mannes, der vom Heiligen Geist zum Amt des Aufsehers oder Ältesten in einer Gemeinde befähigt und begabt ist, ist die, dass dieser dazu durch gemeinsame Abstimmung von der Gemeinde selbst bestimmt wird.[16] Durch Fasten und Beten soll er feierlich mit Handauflegung der Gemeindeältesten ausgesondert werden, falls schon vorher welche dazu eingesetzt worden waren.[17] Auch ein Diakon soll in gleicher Weise durch Abstimmung bestimmt und durch Gebet ausgesondert werden, ebenfalls mit Handauflegung.[18]

16. Apg 14,23.
17. 1Tim 4,14.

18. Apg 6,3.5-6.

10.

Die Aufgabe der Pastoren besteht darin, sich ständig dem Dienst für Christus in seinen Gemeinden zu widmen, in der Verkündigung des Wortes und im Gebet, indem sie sich um ihre Seelen kümmern, weil sie Christus Rechenschaft geben müssen.[19] Die Gemeinden, denen sie dienen, sind dazu verpflichtet, ihnen nicht nur den nötigen Respekt entgegenzubringen, sondern ihnen auch, so weit das möglich ist, von all ihren eigenen Gütern etwas zukommen zu lassen,[20] so dass sie gut versorgt sind, ohne selbst in weltliche Dinge verwickelt zu sein,[21] und auch anderen gegenüber gastfreundlich sein können.[22] Dies fordert das Gesetz der Natur und die ausdrückliche Anordnung unseres Herrn Jesus, der befohlen hat, dass diejenigen, welche das Evangelium verkündigen, vom Evangelium leben sollen.[23]

[19] Apg 6,4; Hebr 13,17.
[20] 1Tim 5,17-18; Gal 6,6-7.
[21] 2Tim 2,4.
[22] 1Tim 3,2.
[23] 1Kor 9,6-14.

11.

Obwohl die Aufseher oder Pastoren der Gemeinden auf Grund ihres Amtes dringend dazu verpflichtet sind, das Wort zu verkünden, ist das Predigen des Wortes dennoch nicht auf sie allein beschränkt. Andere, die ebenfalls vom Heiligen Geist dafür begabt und befähigt sind und von der Gemeinde anerkannt und dazu berufen wurden, dürfen und sollen ebenfalls predigen.[24]

[24] Apg 11,19-21; 1Petr 4,10-11.

12.

So wie alle Gläubigen verpflichtet sind, sich selbst Ortsgemeinden anzuschließen, wenn und wo sie die Möglichkeit dazu haben, dies zu tun, so stehen alle, die zu den Vorrechten einer Gemeinde zugelassen sind, auch unter deren Zucht und Leitung gemäß der Herrschaft Christi.[25]

[25.] 1Thess 5,14; 2Thess 3,6.14-15.

13.

Ein Gemeindeglied, das durch irgendetwas gekränkt wurde — nachdem es die Pflicht erfüllt hat, die von ihm gegenüber demjenigen verlangt wird, durch den es sich gekränkt fühlt — soll die Ordnung der Gemeinde nicht stören oder sich selbst von den Gemeindeversammlungen oder der Durchführung einer der Anordnungen mit der Begründung fernhalten, dass es durch ein anderes Glied gekränkt wurde, sondern im weiteren Vorgehen der Gemeinde die Hoffnung auf Christus setzen.[26]

[26.] Mt 18,15-17; Eph 4,2-3.

14.

So wie jede Gemeinde und alle ihre Glieder dazu verpflichtet sind, ständig für das Wohl und Gedeihen aller Gemeinden Christi an allen Orten zu beten[27] und sie bei jeder Gelegenheit zu unterstützen (jede einzelne innerhalb ihres Gebietes und ihrer Berufung durch die Ausübung ihrer Begabungen und Gnadengaben), so sollen die Gemeinden (wenn sie nach Gottes Vorsehung gegründet wurden, soweit sie die Möglichkeit und Gelegenheit dazu besitzen) Verbindung untereinander haben, zu ihrem Frieden, zum Wachstum in der Liebe und zur gegenseitigen Erbauung.[28]

27. Eph 6,18; Ps 122,6.　　　　28. Röm 16,1-2; 3Joh 8-10.

15.

In den Fällen, dass Schwierigkeiten oder Meinungsverschiedenheiten auftreten, sei es bezüglich einer Lehre oder einer Amtsausübung — wobei entweder die Gemeinden im allgemeinen oder eine einzelne Gemeinde in ihrem Frieden, ihrer Einheit und ihrer Erbauung betroffen sind — oder dass eines oder mehrere Glieder einer Gemeinde in einem oder durch ein Gemeindezuchtverfahren gekränkt wurden, das nicht der Wahrheit und Ordnung entsprach, entspricht es dem Willen Christi, dass viele Gemeinden, die in Verbindung miteinander stehen, mittels Delegierter zusammenkommen, um zu beraten und einen Rat bezüglich der Meinungsverschiedenheit zu geben, was allen betroffenen Gemeinden mitgeteilt werden soll.[29] Dabei sind die versammelten Delegierten nicht mit Gemeindegewalt, die richtigerweise so genannt wird, oder Gerichtsbarkeit über die Gemeinden selbst ausgestattet, weder um Zucht über irgendwelche Gemeinden oder Personen auszuüben noch um ihren Beschluss den Gemeinden oder Amtsträgern aufzuzwingen.[30]

29. Apg 15,2.4.6.22-23.25.　　　　30. 2Kor 1,24; 1Joh 4,1.

1.

Alle Heiligen, die mit Jesus Christus, ihrem Haupt, durch seinen Geist und durch den Glauben vereinigt sind, auch wenn sie dadurch nicht eine Person mit ihm geworden sind, haben Gemeinschaft an seinen Gnadengaben, seinen Leiden, seinem Tod, seiner Auferstehung und seiner Herrlichkeit.[1] Und indem sie miteinander in Liebe verbunden sind, haben sie untereinander Gemeinschaft an den Begabungen und Gnadengaben der anderen[2] und sind dazu verpflichtet, solchen Pflichten in der rechten Weise öffentlich und privat nachzukommen, die für ihr gegenseitiges Wohl sowohl am äußeren als auch am inneren Menschen förderlich sind.[3]

[1.] 1Joh 1,3; Joh 1,16; Phil 3,10; Röm 6,5-6.
[2.] Eph 4,15-16; 1Kor 12,7; 3,21-23.
[3.] 1Thess 5,11.14; Röm 1,12; 1Joh 3,17-18; Gal 6,10.

2.

Diejenigen, die sich als Heilige bekennen, sind dazu verpflichtet, einen heiligen Umgang und eine heilige Gemeinschaft in der Anbetung Gottes zu pflegen und derartige andere geistliche Dienste auszuüben, die auf ihre gegenseitige Erbauung ausgerichtet sind.[4] Ebenso sollen sie sich auch je nach ihren unterschiedlichen Fähigkeiten und Bedürfnissen gegenseitig in weltlichen Angelegenheiten unterstützen.[5] Auch wenn diese Gemeinschaft nach der Anordnung des Evangeliums von ihnen hauptsächlich in ihren jeweiligen Beziehungen, sei es in der Familie[6] oder in den Gemeinden,[7] ausgeübt werden soll, so ist sie doch, so wie Gott die Gelegenheit dazu gibt, auf alle Hausgenossen des Glaubens auszudehnen, sogar auf alle diejenigen, die an jedem Ort den Namen des Herrn Jesus anrufen. Dennoch hebt die Gemeinschaft, die sie als Heilige miteinander haben, weder das Recht oder Eigentum, das jeder an seinen Gütern und an seinem Besitz hat, auf, noch schränkt sie es ein.[8]

[4] Hebr 10,24-25; 3,12-13.
[5] Apg 11,29-30
   (vgl. S. 14 Anm. 7).
[6] Eph 6,4.
[7] 1Kor 12,14-27.
[8] Apg 5,4; Eph 4,28.

28 | Die Taufe und das Abendmahl

1.

Taufe und Abendmahl sind Anordnungen von ausdrücklichem und oberstem Recht, die vom Herrn Jesus, dem einzigen Gesetzgeber, festgelegt worden sind, damit sie in seiner Gemeinde bis ans Ende der Welt durchgeführt werden.[1]

[1] Mt 28,19-20; 1Kor 11,26.

2.

Diese heiligen Verordnungen dürfen nur von solchen verwaltet werden, die dafür geeignet und nach dem Befehl Christi dazu berufen worden sind.[2]

[2] Mt 28,19; 1Kor 4,1.

1.

Die Taufe ist eine Anordnung des Neuen Testaments, die von Jesus Christus eingesetzt wurde. Sie ist für den Getauften ein Zeichen für die Gemeinschaft mit ihm in seinem Tod und seiner Auferstehung, für sein Eingepfropftsein in ihn,[1] für die Sündenvergebung[2] und für seine Hingabe an Gott durch Jesus Christus, um in der Neuheit des Lebens zu leben und zu wandeln.[3]

[1] Röm 6,3-5; Kol 2,12; Gal 3,27.
[2] Mk 1,4; Apg 22,16.

[3] Röm 6,2.4.

2.

Diejenigen, die tatsächlich Buße zu Gott, Glauben an und Gehorsam gegenüber unserem Herrn Jesus bekennen, sind die allein zulässigen Empfänger dieser Anordnung.[4]

[4] Mk 16,16; Apg 8,36-37.

3.

Das äußere Element, das für diese Anordnung verwendet werden soll, ist Wasser, in dem der Täufling im Namen des Vaters und des Sohnes und des Heiligen Geistes getauft wird.[7]

[7] Mt 28,19-20; Apg 8,38.

4.

Untertauchen oder Eintauchen der Person in Wasser ist für eine angemessene Durchführung dieser Anordnung notwendig.[8]

[8] Mt 3,16; Joh 3,23.

1.

Das Abendmahl wurde von unserem Herrn Jesus in derselben Nacht eingesetzt, in der er überliefert wurde, damit es in seinen Gemeinden bis ans Ende der Welt gehalten würde zur beständigen Erinnerung und Verkündigung seiner Selbstaufopferung in seinem Tod,[1] zur Festigung des Glaubens der Gläubigen an die daraus entstammenden Wohltaten, zu ihrer geistlichen Nahrung und ihrem Wachstum in ihm, zu ihrem weiteren Einsatz für alle und gegenüber allen Pflichten, die sie ihm schuldig sind, und damit es ein Band und sicheres Zeichen ihrer Gemeinschaft mit ihm und untereinander sei.[2]

[1] 1Kor 11,23-26.　　　　[2] 1Kor 10,16-17.21.

2.

In dieser Anordnung wird Christus nicht seinem Vater geopfert, noch wird überhaupt irgendein tatsächliches Opfer zur Vergebung der Sünden von Lebenden oder Toten dargebracht. Es ist vielmehr eine bloße Erinnerung an die einmalige Selbstaufopferung, die er selbst ein für alle Mal am Kreuz dargebracht hat,[3] sowie ein geistliches Opfer des größtmöglichen Lobes Gottes dafür.[4] Daher ist das Messopfer der papistischen Kirche, wie sie es nennen, äußerst abscheulich, eine Beleidigung von Christi eigenem einmaligen Opfer, welches das alleinige Sühnopfer für alle Sünden der Erwählten ist.

[3] Hebr 9,25-26.28.　　　　[4] 1Kor 11,24; Mt 26,26-27.

3.

Der Herr Jesus hat in dieser Anordnung seine Diener angewiesen, zu beten und die Elemente, Brot und Wein, zu segnen und sie damit von einem gewöhnlichen zum heiligen Gebrauch abzusondern und das Brot zu nehmen und zu brechen, den Kelch zu nehmen und beide, wobei sie auch selbst daran teilnehmen, den Kommunikanten zu geben.[5]

5. 1Kor 11,23-26 etc.

4.

Dem Volk den Kelch vorzuenthalten, die Elemente anzubeten, sie zur Anbetung in die Höhe zu heben oder herumzutragen und sie für irgendeinen angeblich religiösen Zweck aufzubewahren, steht alles dem Wesen dieser Anordnung und der Einsetzung durch Christus entgegen.[6]

6. Mt 26,26-28; 15,9; 2Mose 20,4-5.

5.

Die äußeren Elemente in dieser Anordnung stehen zu ihm, dem Gekreuzigten, wenn sie in der rechten Weise zu den von Christus verordneten Gebrauchsweisen ausgesondert worden sind, in einer derartigen Beziehung, dass sie in der Tat manchmal — wenn auch mit bildlich gebrauchten Worten — so genannt werden wie die Dinge, die sie darstellen, nämlich Leib und Blut Christi,[7] obwohl sie in ihrer Substanz und ihrer Natur nach tatsächlich und ausschließlich Brot und Wein bleiben, wie sie es vorher waren.[8]

7. 1Kor 11,27.   8. 1Kor 11,26.28.

6.

Jene Lehre, die auf einer Wandlung der Substanz von Brot und Wein in die Substanz des Leibes und Blutes Christi (gewöhnlich Transsubstantiation genannt) durch die Weihung eines Priesters oder auf irgendeine andere Weise besteht, ist nicht nur mit der Schrift,[9] sondern auch mit dem gesunden Menschenverstand und der Vernunft unvereinbar. Sie zerstört das Wesen dieser Anordnung und war und ist bis heute die Ursache für vielfältigen Aberglauben, ja für ausgeprägten Götzendienst.[10]

[9] Apg 3,21; Lk 24,6.39.   [10] 1Kor 11,24-25.

7.

Würdige Empfänger, die äußerlich an den sichtbaren Elementen dieser Anordnung teilhaben, empfangen dabei durch den Glauben auch innerlich wirklich und tatsächlich — zwar nicht fleischlich und leiblich, sondern geistlich — den gekreuzigten Christus und alle Wohltaten seines Todes und stärken sich an ihm. Der Leib und das Blut Christi sind demnach nicht leiblich oder fleischlich, sondern geistlich im Glauben der Gläubigen in dieser Anordnung ebenso gegenwärtig, wie es die Elemente selbst für ihre äußerliche Sinneswahrnehmung sind.[11]

[11] 1Kor 10,16; 11,23-26.

8.

Da sie sich nicht an der Gemeinschaft mit Christus erfreuen können, sind alle unwissenden und gottlosen Personen somit des Tisches des Herrn unwürdig und können nicht ohne große Sünde gegen ihn an diesen heiligen Geheimnissen teilhaben oder zu ihnen zugelassen werden, solange sie in diesem Zustand verharren.[12] Jeder, der sie unwürdig empfängt, ist wahrhaftig am Leib und Blut des Herrn schuldig und isst und trinkt sich selbst zum Gericht.[13]

[12] 2Kor 6,14-15.   [13] 1Kor 11,29; Mt 7,6.

1.

Die Körper der Menschen werden nach dem Tod wieder zu Staub und verwesen;[1] doch da ihre Seelen (die weder sterben noch schlafen) eine unsterbliche Seinsweise besitzen, kehren sie sofort zu Gott zurück, der sie gegeben hat.[2] Die Seelen der Gerechten, die dann in Heiligkeit vollkommen gemacht sind, werden ins Paradies aufgenommen, wo sie bei Christus sind und das Angesicht Gottes in Licht und Herrlichkeit erblicken, während sie auf die völlige Erlösung ihrer Körper warten.[3] Die Seelen der Gottlosen werden in die Hölle geworfen, wo sie in Qualen und äußerster Finsternis bleiben, aufbewahrt zum Gericht jenes großen Tages.[4] Außer diesen beiden Aufenthaltsorten für die von ihren Körpern getrennten Seelen kennt die Schrift keinen.

[1] 1Mose 3,19; Apg 13,36.
[2] Pred 12,7.
[3] Lk 23,43; 2Kor 5,1.6.8; Phil 1,23; Hebr 12,23.

[4] Jud 6-7; 1Petr 3,19; Lk 16,23-24.

2.

Am letzten Tag werden die Heiligen, die als Lebende vorgefunden werden, nicht entschlafen, sondern verwandelt werden.[5] Und alle Toten werden nicht mit einem anderen, sondern mit ihren eigenen Körpern auferweckt werden,[6] auch wenn diese veränderte Eigenschaften besitzen. Dabei werden diese für immer mit ihren Seelen wiedervereinigt werden.[7]

[5] 1Kor 15,51-52; 1Thess 4,17.
[6] Hiob 19,26-27.

[7] 1Kor 15,42-43.

3.

Die Körper der Ungerechten werden durch die Kraft Christi zur Un-
ehre auferweckt werden. Die Körper der Gerechten werden durch
seinen Geist zur Ehre auferweckt und seinem eigenen verherrlich-
ten Leib gleichgestaltet werden.[8]

[8.] Apg 24,15; Joh 5,28-29; Phil 3,21.

1.

Gott hat einen Tag bestimmt, an dem er die Welt durch Jesus Christus, dem alle Vollmacht und das gesamte Gericht vom Vater übergeben worden ist, in Gerechtigkeit richten wird.[1] An diesem Tag werden nicht nur die gefallenen Engel gerichtet werden,[2] sondern es werden gleichfalls alle Menschen, die auf der Erde gelebt haben, vor dem Richterstuhl Christi erscheinen, um über ihre Gedanken, Worte und Taten Rechenschaft abzulegen und um entweder Gutes oder Böses zu empfangen, entsprechend dem, was sie während ihres Erdenlebens getan haben.[3]

[1.] Apg 17,31; Joh 5,22.27.
[2.] 1Kor 6,3; Jud 6.

[3.] 2Kor 5,10; Pred 12,14; Mt 12,36; Röm 14,10.12; Mt 25,32 etc.

2.

Gott hat diesen Tag dazu bestimmt, seine Herrlichkeit durch seine Barmherzigkeit in der ewigen Erlösung der Erwählten und durch seine Gerechtigkeit in der ewigen Verdammnis der Verworfenen, die gottlos und ungehorsam sind, zu offenbaren.[4] Denn dann werden die Gerechten in das ewige Leben eingehen und in der Gegenwart des Herrn die Fülle der Freude und Herrlichkeit mit ewigem Lohn empfangen. Doch die Gottlosen, die Gott nicht kennen und dem Evangelium Jesu Christi nicht gehorsam sind, werden in ewige Qualen geworfen,[5] und sie werden mit ewigem Verderben bestraft vom Angesicht des Herrn und von der Herrlichkeit seiner Stärke.[6]

[4.] Röm 9,22-23.
[5.] Mt 25,21.34; 2Tim 4,8.

[6.] Mt 25,46; Mk 9,48; 2Thess 1,7-10.

3.

So wie Christus möchte, dass wir fest davon überzeugt sind, dass ein Tag des Gerichts kommen wird, damit dadurch einerseits alle Menschen von der Sünde abgeschreckt werden[7] und andererseits die Gottesfürchtigen in ihrer Anfechtung größeren Trost erfahren,[8] so wird er auch diesen Tag den Menschen unbekannt sein lassen, damit sie alle fleischliche Sicherheit abschütteln und stets wachsam sind, da sie nicht wissen, zu welcher Stunde der Herr kommen wird,[9] und damit sie immer bereit sind, zu sprechen: Komm, Herr Jesus, komme bald![10] Amen.

[7.] 2Kor 5,10-11.
[8.] 2Thess 1,5-7.
[9.] Mk 13,35-37; Lk 12,35-40 vgl. S. 14 Anm. 7).
[10.] Offb 22,20.

Subscriptio

Wir, die Diener und Boten von mehr als einhundert Baptistenge-meinden in England und Wales, für die wir sorgen, (welche den Arminianismus verwerfen), die sich in London vom dritten des sieb-ten Monats bis zum elften desselben im Jahr 1689 zusammenge-funden haben, um einige Dinge, die zur Verherrlichung Gottes und zum Wohl dieser Gemeinden dienen könnten, zu bedenken, hielten es für angebracht (um alle anderen Christen zufriedenzustellen, die sich von uns hinsichtlich der Taufe unterscheiden), ihnen unser Glaubensbekenntnis, das uns zu Eigen ist, zur sorgfältigen Prüfung anzuempfehlen, welches unsere Glaubenslehre und Glaubens-praxis beinhaltet, und wir wünschen uns sehr, dass sich insbeson-dere die Glieder unserer Gemeinden selbst damit zurüsten.

Hanserd Knollys	Pastor	Broken Wharf	London
William Kiffin	"	Devonshire-square	"
John Harris	"	Joiner's Hall	"
William Collins	"	Petty France	"
Hercules Collins	"	Wapping	"
Robert Steed	"	Broken Wharf	"
Leonard Harrison	"	Limehouse	"
George Barret	"	Mile End Green	"
Isaac Lamb	"	Pennington-street	"
Richard Adams	Minister	Shad Thames	Southwark
Benjamin Keach	Pastor	Horse-lie-down	"
Andrew Gifford	"	Bristol, Fryars	Som. &Glouc.
Thomas Vaux	"	Broadmead	"
Thomas Winnel	"	Taunton	"
James Hitt	Preacher	Dalwood	Dorset
Richard Tidmarsh	Minister	Oxford City	Oxon
William Facey	Pastor	Reading	Berks
Samuel Buttall	Minister	Plymouth	Devon
Christopher Price	"	Abergavenny	Monmouth

Daniel Finch	"	Kingsworth	Herts
John Ball	"	Tiverton	Devon
Edmond White	Pastor	Evershall	Bedford
William Prichard	"	Blaenau	Monmouth
Paul Fruin	Minister	Warwick	Warwick
Richard Ring	Pastor	Southampton	Hants
John Tomkins	Minister	Abingdon	Berks
Toby Willes	Pastor	Bridgewater	Somerset
John Carter	"	Steventon	Bedford
James Webb	"	Devizes	Wilts
Richard Sutton	Pastor	Tring	Herts
Robert Knight	"	Stukeley	Bucks
Edward Price	"	Hereford City	Hereford
William Phipps	"	Exon	Devon
William Hawkins	"	Dimmock	Gloucester
Samuel Ewer	"	Hemstead	Herts
Edward Man	"	Houndsditch	London
Charles Archer	"	Hock-Norton	Oxon

Im Namen und für die gesamte Gemeinde. [1]

---

1 Beigabe zur dritten Ausgabe 1699 (so: Dennison, James T. [Hg.], *Reformed Confessions of the 16th and 17th Centuries in English Translation: Volume 4, 1600-1693* [Grand Rapids: Reformation Heritage Books, 2014], S. 532. Nach Underhill wurde diese Beigabe häufig auch schon der Ausgabe 1688 vorangestellt, was aber vermutlich erst nach der Versammlung im September 1689 geschehen sein kann. Vgl. Underhill, Edward Bean [Hg.], *Confessions of Faith and other Public Documents* [London: The Hanserd Knollys Society, 1854], S. 171.)

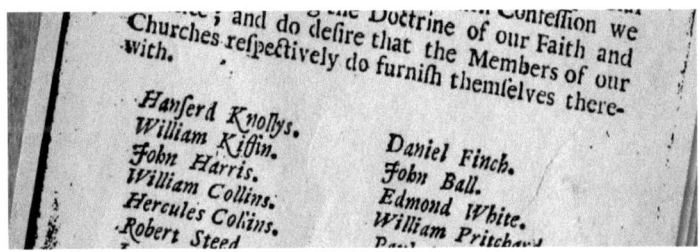

Verzeichnis der Belegstellen

Das Verzeichnis enthält alle biblischen Belege, die im baptistischen Glaubensbekenntnis von 1689 angeführt werden, wobei die Belegstellen durchweg der in deutschen Bibeln üblichen Verszählung angepasst wurden. Der Fundort ist gegliedert nach Kapitel, Absatz und Verweisstelle (z. B. Ps 148,13 … 2.2[18]: Der Beleg findet sich in Kapitel 2, Absatz 2, Anmerkung 18). Korrigierte Belegstellen sind mit einem Asteriskus (*) markiert. Die an dieser Stelle im Original angegebene Belegstelle ist in Klammern gesetzt (vgl. S. 14 Anm. 7).

Altes Testament

1. Mose (Genesis)

1,26	4.2[6]; 4.3[10]
1,27	4.2[4]; 19.1[1]
1,28	4.3[10]; 25.2[3]
2,1-2	4.1[3]
2,7	4.2[5]
2,16-17	6.1[1]
2,17	4.3*[9]; 7.2[2]
2,18	25.2[2]
2,24	25.1[1]
3,6	4.2[8]; 9.2[3]
3,8-10	4.3[9]
3,12-13	6.1[2]
3,15	7.3[5]; 20.1[1]
3,19	31.1[1]
4,5	16.7[20]
6,5	6.2[5]
6,17	(4.3*[9])
8,22	5.2[6]
17,1	2.1[9]
20,7	23.1[1]
28,20-22	23.5[8]
50,20	5.4[12]

2. Mose (Exodus)

3,14	2.1[3]; 2.3[28]
8,15	5.6[22]
8,32	5.6[22]
15,1	22.5[22]
20,4-5	30.4[6]
20,4-6	22.1[3]
20,8	22.7[28]
34,6-7	2.1[13]
34,7	2.1[16]

3. Mose (Levitikus)

18	25.4[8]
19,12	23.3[6]

4. Mose (Numeri)

23,19	3.1[4]

5. Mose (Deuteronomium)

2,30	5.6[20]
4,15-16	2.1[5]
6,4	2.1[1]
10,4	19.2[5]
10,20	23.1[1]
13,1	22.1[2]
29,3	5.6[18]
30,6	10.1[5]
30,19	9.1[1]

Neues Testament

Das baptistische Glaubensbekenntnis von 1689 in einem Jahr studieren